Level Up! Thai Stories

Book 1

lingualism

ISBN: 978-1-962752-25-1

Written by Chaiwat Suwannarat

Edited by Anaphat Thongkorn and Matthew Aldrich

website: www.lingualism.com

email: contact@lingualism.com

Table of Contents

Introduction

Welcome to "Level Up!", a unique approach to reading in Thai. This series is designed specifically for adult learners, offering culturally authentic stories that explore Thai life, history, and traditions. Each book in the series contains six original stories, with every story presented in four versions corresponding to CEFR levels A1 through B2.

The innovative format of "Level Up!" emerged from learner feedback on our "One Thousand and One Nights" Arabic series, where readers who purchased both elementary and intermediate books found that reading the elementary version helped them build confidence and skills to tackle the intermediate version. This led us to develop a new approach: presenting all four versions of each story together, allowing learners to experience how complexity builds naturally while maintaining the same core narrative.

Why is this approach effective? When you read the A1 version of a story first, regardless of your current level, you build a strong foundation of basic vocabulary and story comprehension. As you progress through the versions, you'll recognize familiar elements while encountering new vocabulary and more complex structures gradually rather than feeling overwhelmed by them all at once.

Each story in this collection has been carefully crafted to reflect authentic Thai experiences and perspectives. From everyday life in Bangkok to traditional crafts in rural villages and cultural beliefs surrounding temples, food, and family, these stories offer not only language practice but also meaningful insights into Thai society. The adult-oriented themes ensure that the content remains engaging and relevant to mature learners.

Throughout the book, you'll find helpful features to support your learning journey. Before each story group, an Introduction provides cultural context, followed by Key Vocabulary that you'll encounter across the different versions. Every story includes accompanying audio, with slower, clearer pronunciation for A1/A2 versions and more natural pacing for B1/B2.

How to Use This Book

The unique format of "Level Up!" has been carefully designed to support your learning journey. Here's how to make the most of its features:

Story Versions and Layout

Each story appears in four versions, each with a layout designed to support different learning needs. An **English translation** accompanies the text in all four versions.

A1 Version:

- o Thai is written without spaces between words, which can be challenging for beginners, so **gray dots** have been added between words to help you recognize word boundaries.

- o The **phonemic transcription** helps beginners connect sounds to Thai script when there is doubt.

- o Short, simple sentences with basic vocabulary

A2 Version:

- o Gray dots are removed to encourage you to read Thai text naturally and develop confidence recognizing word boundaries without visual aids.

- o Phonemic transcription continues at this level to support pronunciation and reinforce the connection between sounds and Thai script.

- o Slightly longer sentences with expanded vocabulary

B1 Version:

- o Phonemic transcription is removed at this level, encouraging you to read directly from Thai script and rely on your growing familiarity with the language.

- o More complex sentence structures

B2 Version:

- o Thai text appears on one page, with the English translation on the following page, encouraging you to read independently before checking the translation.
- o Most complex structures and vocabulary

Reading Strategy

We recommend starting with the A1 version of each story, regardless of your current level. This approach helps you:

- o Build confidence with the basic narrative
- o Establish core vocabulary
- o Recognize story elements that will appear in higher levels
- o Progress naturally to more complex versions when ready

Vocabulary and Cultural Notes

Before each story group, you'll find:

- o An Introduction providing cultural context and some basic information on what to expect in the story
- o Key Vocabulary listing important words and expressions

These sections help prepare you for all versions of the story

Audio Recordings

Each version has accompanying audio tracks:

- o A1/A2 recordings are slower and clearer, with appropriate pauses
- o B1/B2 recordings maintain clarity while using more natural pacing
- o Use recordings to practice listening comprehension and pronunciation
- o Listen while reading to reinforce learning

Remember, the goal is to read for pleasure and understanding. Don't feel pressured to move to a higher level version until you're comfortable. Each version offers valuable learning opportunities, and the familiar content helps you focus on new language features as they're introduced.

Visit www.lingualism.com/audio, where you can find the free accompanying audio to download or stream (at variable playback rates).

ศาลพระภูมิที่นำโชค
The Lucky Spirit House

Outside many homes, shops, and office buildings in Thailand stands a small shrine called a **ศาลพระภูมิ** *săan-prá-puum* (spirit house). According to Thai belief, these shrines provide a dwelling place for protective spirits known as **เทพารักษ์** *tee-paa-rák* (guardian spirits). People show respect to them by leaving **ดอกไม้** *dɔ̀ɔk-mái* (flowers), lighting **ธูป** *tûup* (incense), or offering small **ของไหว้** *kɔ̌ɔng-wâi* (offerings) such as fruit or drinks.

Even in modern cities like Bangkok, where glass office towers symbolize rapid development, spirit houses remain an important part of the cultural landscape. For some people, they represent tradition, respect, and harmony with the unseen world. For others, they seem old-fashioned or unnecessary in a modern workplace.

In this story, a young office worker named Mali quietly continues the tradition she learned from her grandmother. What begins as a simple act of respect soon changes the way her entire company thinks about ประเพณี *bprà-pee-nii* (tradition), culture, and success.

Key Vocabulary

- **ทำงาน** *tam-ngaan* — to work

- **ตึก** *dtɯ̀k* — building

- **ศาลพระภูมิ** *săan-prá-puum* — spirit house

- **เก่า** *gào* — old

- **ดูแล** *duu-lɛɛ* — to take care of

- **เพื่อนที่ทำงาน** *pûan-tîi-tam-ngaan* — coworker

- **คำสอน** *kam-sɔ̆ɔn* — teaching, advice

- **ดอกไม้** *dɔ̀ɔk-mái* — flowers

- **ธูป** *tûup* — incense sticks

- **ของไหว้** *kɔ̆ɔng-wâi* — offerings for worship

- ทำความสะอาด *tam-kwaam-sà-àat* — to clean

- นักธุรกิจ *nák-tú-rá-gìt* — businessperson

- บริษัท *bɔɔ-rí-sàt* — company

- การประชุม *gaan-bprà-chum* — meeting

- ผู้จัดการ *pûu-jàt-gaan* — manager

- สัญญา *sǎn-yaa* — contract

- ประเพณี *bprà-pee-nii* — tradition

- วัฒนธรรม *wát-tá-ná-tam* — culture

- พิธี *pí-tii* — ceremony

- เทพารักษ์ *tee-paa-rák* — guardian spirit

- จิตวิญญาณ *jìt-win-yaan* — spirit, spiritual essence

- งมงาย *ngom-ngaai* — superstitious

- นวัตกรรม *ná-wát-dtà-gam* — innovation

- อนุรักษ์ *à-nú-rák* — to preserve, conserve

ศาลพระภูมิ ที่ นำโชค

săanprápuum tîi nam chook

The Lucky Spirit House

มะลิ ทำงาน ใน ตึก ใหม่ หน้า ตึก มี ศาลพระภูมิ เก่า ไม่ มี ใคร ดูแล

málí tam-ngaan nai dtừk mài. nâa dtừk mii săanprápuum gào mâi mii krai duulɛɛ.

Mali works in a new building. In front of the building, there is an old spirit house that no one takes care of.

"ศาลพระภูมิ เก่า แล้ว" เพื่อน ที่ ทำงาน พูด "เรา ไม่ ต้อง มี มัน"

"săanprápuum gào lɛ́ɛo" pûan tîi tam-ngaan pûut. "rao mâi dtɔ̂ɔng mii man."

"The spirit house is old," her coworker said. "We don't need it."

แต่ มะลิ นึกถึง คำพูด ของ คุณย่า ทุก เย็น เธอ เอา ดอกไม้ ไป วาง ที่ ศาลพระภูมิ

dtɛ̀ɛ málí nừk-tŭng kam-pûut kɔ̆ɔng kunyâa. túk yen təə ao dɔ̀ɔk-mái bpai waang tîi săanprápuum.

But Mali remembered her grandmother's words. Every evening, she would place flowers at the spirit house.

วัน หนึ่ง มี คน สำคัญ จาก ญี่ปุ่น มา เยี่ยม เขา เห็น มะลิ ที่ ศาลพระภูมิ

wan nùng mii kon sămkan jàak yîibpùn maa yîam. kăo hĕn málí tîi săanprápuum.

One day, an important visitor from Japan came to visit. He saw Mali at the spirit house.

"ที่ ญี่ปุ่น เรา ก็ เคารพ ประเพณี เก่าๆ เหมือน กัน" เขา พูด

"tîi yîibpùn rao gɔ̂ɔ kaoróp bpràpeenii gào-gào mŭan-gan" kăo pûut.

"In Japan, we also respect old traditions," he said.

คน ญี่ปุ่น ชอบ บริษัท เพราะ ศาลพระภูมิ ตอนนี้ ทุก คน ช่วย มะลิ ดูแล ศาลพระภูมิ

kon yîibpùn chɔ̂ɔp bɔ̀rísàt prɔ́ săanprápuum. dtɔɔn-níi túk kon chûai málí duulɛɛ săanprápuum.

The Japanese visitor liked the company because of the spirit house. Now, everyone helps Mali take care of it.

ศาลพระภูมิที่นำโชค

săanprápuum tîi nam chook

The Lucky Spirit House

มะลิทำงานในตึกออฟฟิศใหม่ที่กรุงเทพฯ ทุกเช้า เธอสังเกตเห็นศาลพระภูมิเก่าหน้าตึก ไม่มีใครดูแลเลย ไม่มีดอกไม้ ไม่มีธูป และผู้จัดการตึกอยากรื้อทิ้ง

málí tam-ngaan nai dtừk ɔ̀ɔffít mài tîi grungtêep. túk cháao, təə sănggèet hěn săanprápuum gào nâa dtừk. mâi mii krai duulɛɛ ləəi; mâi mii dɔ̀ɔk-mái, mâi mii tûup, lɛ́ pûu-jàtgaan dtừk yàak rʉ́ʉ tíng.

Mali works in a new office building in Bangkok. Every morning, she notices an old spirit house in front of the building. No one takes care of it—there are no flowers, no incense, and the building manager wants to remove it.

"ศาลพระภูมิไม่ทันสมัยแล้ว" เพื่อนร่วมงานพูด "บริษัทใหม่ๆ ไม่จำเป็นต้องมี"

"săanprápuum mâi tansàmai lɛ́ɛo" pʉ̂an-rûam-ngaan pûut. "bɔ̀rísàt mài-mài mâi jambpen dtɔ̂ɔng mii."

"The spirit house is outdated," her coworker said. "New companies don't need one."

แต่มะลินึกถึงคำสอนของคุณย่า ที่บ้านคุณย่าเคารพศาลพระภูมิเสมอ ทุกเย็นหลังเลิกงาน มะลิแอบทำความสะอาดศาลพระภูมิและวางของไหว้เล็กๆน้อยๆ

dtɛɛ málí nɯ́k-tɯ̌ng kam-sɔ̌ɔn kɔ̌ɔng kunyâa. tîi bâan kunyâa kaoróp sǎanprápuum sàmɔ̌ɔ. túk yen lǎng lâak ngaan, málí ɛ̀ɛp tam kwaam-sà-àat sǎanprápuum lé waang kɔ̌ɔng-wâi lék-lék nɔ́ɔi-nɔ́ɔi.

But Mali remembers her grandmother's teachings. At her grandmother's home, they always respected the spirit house. Every evening after work, Mali secretly cleans the spirit house and places small offerings.

วันหนึ่ง นักธุรกิจชาวญี่ปุ่นคนสำคัญมาเยี่ยมบริษัท เขามาถึงเช้าและเห็นมะลิกำลังวางดอกไม้ที่ศาลพระภูมิ เขาหยุดดูเธอ

wan nɯ̀ng, nák-túrágìt chaao yîibpùn kon sǎmkan maa yîam bɔ̀rísàt. kǎo maa tɯ̌ng cháao, lé hěn málí gamlang waang dɔ̀ɔk-mái tîi sǎanprápuum. kǎo yùt duu təə.

One day, an important Japanese businessman visits the company. He arrives early and sees Mali placing flowers at the spirit house. He stops to watch her.

ระหว่างการประชุม นักธุรกิจดูไม่พอใจกับการนำเสนอของบริษัท แต่แล้วเขาก็พูดขึ้นว่า "เมื่อเช้าผมเห็นพนักงานของคุณดูแลศาลพระภูมิ" เขายิ้ม "ที่ญี่ปุ่น เราก็เคารพประเพณีของเราเหมือนกัน ผมชอบที่บริษัทของคุณให้ความสำคัญกับสิ่งนี้"

ráwàang gaan-bpràchum nák-túrágìt duu mâi pɔɔ-jai gàp gaan-nam-sànǎa kɔ̌ɔng bɔrísàt. dtɛ̀ɛ lɛ́ɛo kǎo gɔ̂ɔ pûut kûn wâa "mûa cháao pǒm hěn pánák-ngaan kɔ̌ɔng kun duulɛɛ sǎanprápuum." kǎo yím "tîi yîibpùn rao gɔ̂ɔ kaoróp bpràpeenii kɔ̌ɔng rao mǔan-gan. pǒm chɔ̂ɔp tîi bɔrísàt kɔ̌ɔng kun hâi kwaam-sǎmkan gàp sìng níi."

During the meeting, the businessman seems unimpressed with the company's presentation. But then he speaks up. "This morning, I saw one of your employees caring for the spirit house," he says with a smile. "In Japan, we also respect our traditions. I appreciate that your company values this."

ผู้จัดการรีบหันไปมองมะลิแล้วเข้าใจทันที ด้วยความเคารพต่อประเพณีของมะลิ พวกเขาได้เซ็นสัญญากับบริษัทญี่ปุ่น

pûu-jàtgaan rîip hǎn bpai mɔɔng málí, lɛ́ɛo kâo-jai tantii. dûai kwaam-kaoróp dtɔ̀ɔ bpràpeenii kɔ̌ɔng málí pûak-kǎo dâi sen sǎnyaa gàp bɔrísàt yîibpùn.

The manager immediately looks at Mali and understands. Out of respect for Mali's tradition, they successfully sign a contract with the Japanese company.

ตอนนี้ผู้จัดการตึกวางดอกไม้สดที่ศาลพระภูมิทุกวัน เพื่อนร่วมงานไม่ล้อเลียนมะลิอีกแล้ว บางครั้งพวกเขายังช่วยเธอวางของไหว้ด้วย

dtɔɔn-níi pûu-jàtgaan dtὺk waang dɔ̀ɔk-mái sòt tîi săanprápuum túk wan. pûan-rûam-ngaan mâi lɔ́ɔ-lian málí ìik lɛ́ɛo. baang-kráng pûak-kăo yang chûai təə waang kɔ̆ɔng-wâi dûai.

Now, the building manager places fresh flowers at the spirit house every day. Mali's coworkers no longer tease her. Sometimes, they even help her make offerings.

ศาลพระภูมิที่นำโชค
The Lucky Spirit House

เมื่อมะลิรับตำแหน่งที่บริษัทที่ปรึกษาชื่อดังในตึกสำนักงาน
ใหม่เอี่ยมย่านธุรกิจของกรุงเทพฯ เธอตื่นเต้นที่ได้ทำงานใน
สิ่งแวดล้อมที่ทันสมัย แต่ในวันแรก มีบางอย่างดึงดูดความ
สนใจของเธอ ศาลพระภูมิเก่าที่ตั้งอยู่ใกล้ทางเข้าตึก สีที่เคย
สดใสตอนนี้ซีดจาง และฐานศาลเต็มไปด้วยฝุ่น

When Mali accepted a position at a prestigious
consulting firm in a brand-new office tower in
Bangkok's business district, she was excited to work
in such a modern environment. But on her first day,
something caught her attention—an old spirit house
near the building's entrance. Once vibrant, its colors
had faded, and its base was covered in dust.

"เราวางแผนจะรื้อออกเดือนหน้า" ผู้จัดการบอกระหว่าง
ปฐมนิเทศ "มันไม่เข้ากับภาพลักษณ์ทันสมัยของบริษัท"
เพื่อนร่วมงานหลายคนพยักหน้าเห็นด้วย บางคนถึงกับพูด
ติดตลกว่าศาลพระภูมิทำให้มูลค่าที่ดินตก

"We plan to remove it next month," the manager mentioned during orientation. "It doesn't fit the company's modern image." Many colleagues nodded in agreement, and some even joked that the spirit house was lowering the property value.

คำพูดเหล่านั้นรบกวนใจมะลิมากกว่าที่คาดไว้ ตอนเด็ก เธอเห็นย่าดูแลศาลพระภูมิที่บ้านอย่างพิถีพิถัน ย่าสอนว่า การเคารพเทพารักษ์ไม่ใช่แค่ประเพณี แต่เป็นการรักษาสมดุลระหว่างโลกทางกายภาพกับโลกแห่งจิตวิญญาณ

The remarks unsettled Mali more than she had expected. As a child, she had watched her grandmother meticulously care for the spirit house at home. Her grandmother had taught her that honoring the guardian spirits was not just tradition—it was about maintaining harmony between the physical and spiritual worlds.

แม้จะถูกเพื่อนร่วมงานล้อว่าเชย แต่มะลิก็เริ่มอยู่ทำงานดึกเพื่อดูแลศาลพระภูมิ เธอค่อยๆทำความสะอาดฐานศาล เปลี่ยนดอกไม้ที่เหี่ยวเฉาเป็นดอกไม้สด และจุดธูปสวดมนต์ แม้จะอับอายที่ถูกมองว่างมงาย แต่การรักษาสายสัมพันธ์กับประเพณีไทยกลับรู้สึกมีความหมายสำหรับเธอ

Even though some colleagues teased her for being old-fashioned, Mali started staying late after work to tend to the spirit house. She carefully cleaned its base, replaced wilted flowers with fresh ones, and lit incense while offering prayers. She felt slightly embarrassed about being seen as superstitious, but preserving this connection to Thai traditions felt deeply meaningful to her.

ทุกอย่างเปลี่ยนไปเมื่อคุณทานากะ ซีอีโอของบริษัทเทคโนโลยียักษ์ใหญ่จากญี่ปุ่น มาถึงก่อนเวลานัดประชุมใหญ่ ระหว่างที่รออยู่ที่ล็อบบี้ เขาเห็นมะลิกำลังวางดอกไม้ที่ศาลพระภูมิ เขาหยุดดูเธอสักพัก

Everything changed when Mr. Tanaka, the CEO of a major Japanese technology firm, arrived early for a high-stakes meeting. While waiting in the lobby, he noticed Mali placing fresh flowers at the spirit house. He paused, observing her for a while.

ระหว่างการประชุม ดูเหมือนว่าความร่วมมือกำลังจะล้มเหลวเพราะความกังวลเรื่องวัฒนธรรมที่แตกต่าง แต่แล้วคุณทานากะก็พูดขึ้นว่า "ผมสังเกตเห็นบางอย่างที่น่าสนใจเย็นนี้" เขาเล่าถึงการเห็นมะลิดูแลศาลพระภูมิ "ที่ญี่ปุ่น เราเชื่อว่าการให้ความเคารพต่อสิ่งเหล่านี้สะท้อนถึงคุณค่าที่ลึกซึ้งกว่านั้น ธุรกิจสมัยใหม่มักลืมไปว่า

ความสำเร็จไม่ได้มาจากนวัตกรรมเพียงอย่างเดียว แต่มา
จากการรักษาความกลมกลืนกับรากเหง้าของวัฒนธรรม
เราด้วย"

> During the meeting, negotiations seemed on the verge of collapsing due to concerns over cultural differences. Then, Mr. Tanaka spoke up. "I noticed something interesting this evening," he said, recounting how he had seen Mali caring for the spirit house. "In Japan, we believe that respecting these traditions reflects deeper values. Modern businesses often forget that success doesn't come from innovation alone—it also comes from staying connected to our cultural roots."

ทีมผู้บริหารมองหน้ากันอย่างประหลาดใจ ขณะที่คุณทานา
กะพูดต่อ "การเห็นศาลพระภูมิของคุณได้รับการดูแลดี ทำ
ให้ผมมั่นใจว่าบริษัทของคุณให้คุณค่ากับทั้งความก้าวหน้า
และประเพณี นี่คือพันธมิตรที่เรากำลังมองหา"

> The executives exchanged surprised glances as Mr. Tanaka continued. "Seeing that your company maintains its spirit house reassures me that you value both progress and tradition. This is the kind of partnership we're looking for."

ด้วยความสัมพันธ์ที่ไม่คาดคิดนี้ ความร่วมมือจึงสำเร็จ
ปัจจุบัน ศาลพระภูมิได้รับการบูรณะใหม่ทั้งหมด บริษัท

ถึงกับจ้างผู้เชี่ยวชาญมาทำพิธีเป็นประจำ เพื่อนร่วมงาน
ของมะลิที่เคยมองว่าเธอล้าสมัย ตอนนี้กลับมาขอให้เธอ
สอนวิธีถวายของไหว้อย่างถูกต้อง

Through this unexpected connection, the collaboration
succeeded. Today, the spirit house has been fully
restored, and the company even hires specialists to
perform regular ceremonies. Mali's colleagues, who
once saw her as outdated, now ask her to teach them
the proper way to present offerings.

ศาลพระภูมิที่นำโชค

ตึกระฟ้าสูงเจ็ดสิบชั้น ซึ่งเป็นที่ตั้งของบริษัทที่ปรึกษาด้านการจัดการชั้นนำแห่งเอเชียตะวันออกเฉียงใต้ ตั้งตระหง่านเป็นสัญลักษณ์ของความก้าวหน้าทางเศรษฐกิจของกรุงเทพฯ สำหรับมะลิ ศรีวราพงศ์ ที่เพิ่งได้รับตำแหน่งที่ปรึกษาอาวุโส ตึกนี้เป็นตัวแทนของทุกสิ่งที่เธอทุ่มเททำงานเพื่อให้ได้มาถึงเกียรติยศ ความก้าวหน้า และอนาคตที่มั่นคง

แต่ทุกเช้า ขณะที่เธอเดินผ่านฝูงพนักงานออฟฟิศที่หลั่งไหลเข้าตึก สายตาของเธอกลับสะดุดกับสิ่งที่ดูไม่เข้ากัน ศาลพระภูมิแบบดั้งเดิมที่ตั้งอยู่ในลานหน้าตึก สีที่เคยสดใสซีดจางเป็นสีน้ำตาลแดง รายละเอียดสถาปัตยกรรมที่เคยประณีตถูกปกคลุมด้วยฝุ่น ศาลเจ้าที่เก่าแก่ตัดกับความทันสมัยของตึกสูงเสียดฟ้าที่ตั้งอยู่ข้างหลังอย่างสิ้นเชิง

The Lucky Spirit House

The seventy-story skyscraper, home to one of Southeast Asia's leading management consulting firms, stood as a symbol of Bangkok's economic progress. For Mali Sriwaraphong, newly appointed as a senior consultant, this building represented everything she had worked tirelessly to achieve—prestige, advancement, and a secure future.

Yet every morning, as she walked past the stream of office workers entering the tower, her eyes were drawn to something that seemed out of place. A traditional spirit house stood in the plaza in front of the building. Once vibrant, its colors had faded into a dull reddish-brown. Its intricate architectural details were now covered in dust. The old shrine clashed starkly with the sleek modernity of the towering glass structure behind it.

“มันกำลังจะเกิดขึ้นแล้ว” คุณเพชร ผู้จัดการอาคาร ประกาศในที่ประชุมผู้เช่า “เดือนหน้า เราจะเริ่มเฟสที่สาม ของโครงการปรับปรุง ศาลพระภูมิจะถูกรื้อถอนเพื่อสร้าง สวนที่ยั่งยืน” เขาคลิกสไลด์ แสดงภาพการออกแบบใหม่ ของพื้นที่สีเขียวที่ดูทันสมัย “จากการวิจัยของเรา พบว่า พื้นที่สีเขียวดึงดูดลูกค้าต่างชาติมากกว่าสิ่งปลูกสร้างทาง ศาสนาที่ล้าสมัย”

มะลิรู้สึกอึดอัดอย่างบอกไม่ถูก เธอมองลงไปยังศาลพระภูมิ จากห้องประชุมกระจกใส มันดูเปราะบางกว่าที่เคยเป็น เธอ ได้ยินเสียงของคุณย่าที่เข้มงวดแต่เปี่ยมด้วยความเมตตาที่ สอนให้เธอไหว้สิ่งศักดิ์สิทธิ์ทุกเช้าก่อนไปโรงเรียน “สิ่ง ศักดิ์สิทธิ์ไม่ได้ปกป้องแค่บ้านของเรา” คุณย่าพูดเสมอ “แต่ ยังปกป้องความสัมพันธ์ที่เรามีกับตัวตนที่แท้จริงของเรา ด้วย”

"It's finally happening," announced Phet, the building manager, during a tenants' meeting. "Next month, we'll begin Phase Three of the renovation project. The spirit house will be removed to make way for a sustainable garden." He clicked to the next slide, revealing a sleek, contemporary green space. "Our research shows that green areas attract international clients more than outdated religious structures."

Mali felt an inexplicable discomfort. She looked down at the spirit house from the glass-walled conference room. It seemed more fragile than ever. In her mind, she heard her grandmother's firm but gentle voice, reminding her to pay respects to the spirits every morning before school. "The sacred doesn't just protect our homes," her grandmother would say. "It also protects the connection we have with our true selves."

แม้จะเติบโตมากับการศึกษาสมัยใหม่และทำงานในแวดวง
ธุรกิจระดับโลก แต่มะลิก็พบว่าตัวเองอยู่ทำงานดึกเพื่อดูแล
ศาลพระภูมิ เธอสั่งดอกไม้จากแม่ค้าในตลาดท้องถิ่นมาส่งที่
สำนักงานหรูทุกเย็น เธอจัดดอกไม้อย่างพิถีพิถัน จุดธูป
และกระซิบบทสวดมนต์ที่ไม่ได้ท่องมาตั้งแต่เด็ก เพื่อน
ร่วมงานมีตั้งแต่คนที่งงงวยไปจนถึงหัวเราะเยาะ

"ไม่น่าเชื่อว่าคุณจะเชื่อเรื่องแบบนี้" คุณเพชรพูดขึ้นในเย็น
วันหนึ่ง ขณะที่เห็นเธอไหว้ศาล "คุณเป็นคนที่ก้าวหน้าที่สุด
ในทีมแท้ๆ" คำว่า 'งมงาย' ไม่ได้ถูกเอ่ยออกมาตรงๆแต่ก็
แฝงอยู่ในน้ำเสียง มะลิรู้สึกเจ็บใจ

จุดเปลี่ยนเกิดขึ้นระหว่างการเจรจากับบริษัททานากะ ยักษ์
ใหญ่ด้านเทคโนโลยีจากญี่ปุ่นที่ขึ้นชื่อเรื่องการผสมผสาน
นวัตกรรมล้ำสมัยเข้ากับวัฒนธรรมองค์กรแบบดั้งเดิม ฮิโร
ชิ ทานากะ ซีอีโอของบริษัท มาถึงก่อนเวลาประชุมและ
บังเอิญเห็นมะลิกำลังวางดอกไม้ที่ศาลพระภูมิ

Despite her modern education and career in the global business world, Mali found herself staying late after work to care for the spirit house. Each evening, she arranged for fresh flowers from a local market to be delivered to her high-end office. She meticulously replaced the wilted offerings, lit incense, and whispered prayers she hadn't spoken since childhood. Her coworkers' reactions ranged from confusion to outright amusement.

"I can't believe you actually believe in this," Phet remarked one evening as he caught her making an offering. "You're the most forward-thinking person on the team." He didn't say the word superstitious, but it was clearly implied. Mali felt a sting of resentment.

The turning point came during negotiations with Tanaka Corporation, a Japanese tech giant renowned for blending cutting-edge innovation with traditional corporate culture. Hiroshi Tanaka, the company's CEO, arrived early for the meeting and happened to see Mali placing flowers at the spirit house.

ระหว่างการประชุม เมื่อการเจรจาตึงเครียดเพราะความแตกต่างทางวัฒนธรรม ทานากะซังกลับเปลี่ยนเรื่องไปสู่หัวข้อที่ไม่มีใครคาดคิด "ศาลพระภูมิของคุณ..." เขาเริ่มพูด ทำให้ผู้บริหารหลายคนรู้สึกอึดอัดและขยับตัวบนเก้าอี้ "ทำให้ผมนึกถึงหิ้งบูชาบุทสึดันที่บริษัทญี่ปุ่นหลายแห่งยังคงรักษาไว้ในสำนักงาน บางคนมองว่าสิ่งเหล่านี้ล้าสมัย แต่ผมคิดต่าง"

เขาพูดต่อ น้ำเสียงราบเรียบแต่หนักแน่น "ที่ญี่ปุ่น เรามีคำว่า องโคะชิชิน มีความหมายว่า การเรียนรู้สิ่งใหม่จากอดีต นวัตกรรมที่แท้จริงไม่ใช่การละทิ้งรากเหง้า แต่คือการค้นพบคุณค่าใหม่จากภูมิปัญญาเก่า บริษัทที่ประสบความสำเร็จมากที่สุดเข้าใจว่าวัฒนธรรมองค์กรต้องมีรากที่ลึก จึงจะเติบโตสูงได้"

During the tense discussions, where cultural differences threatened to derail the partnership, Tanaka suddenly steered the conversation in an unexpected direction. "Your spirit house…" he began, causing several executives to shift uncomfortably in their seats. "It reminds me of the butsudan altars that many Japanese companies still maintain in their offices. Some see these as outdated, but I think differently."

His voice remained calm yet firm as he continued, "In Japan, we have a saying—onko chishin—which means 'learning new things from the past.' True innovation isn't about abandoning our roots; it's about discovering new value in old wisdom. The most successful companies understand that for an organization to grow tall, its cultural roots must run deep."

ขณะที่ทานากะพูด มะลิสังเกตเห็นสีหน้าของเพื่อนร่วมงาน เปลี่ยนไป ผู้บริหารที่เคยสนับสนุนการรื้อศาลพระภูมินั่งฟัง อย่างครุ่นคิด ในที่สุด ข้อตกลงความร่วมมือสำเร็จลุล่วงไป โดยทานากะขอให้โครงการร่วมในอนาคตเน้นการอนุรักษ์ วัฒนธรรมควบคู่กับเทคโนโลยี

ภายในไม่กี่สัปดาห์ ศาลพระภูมิได้รับการบูรณะอย่าง พิถีพิถัน รายละเอียดดั้งเดิมถูกเก็บรักษาไว้ และได้เสริม ความแข็งแรงเพื่อให้ทนต่อสภาพอากาศ สวนที่ยั่งยืนถูก ออกแบบใหม่ให้เข้ากับศาลพระภูมิ สร้างความกลมกลืน ระหว่างของเก่ากับของใหม่ จนได้รับคำชื่นชมจากผู้มา เยือน

แต่สิ่งที่น่าประหลาดใจยิ่งกว่านั้นคือ มะลิเริ่มสังเกตเห็น เครื่องบูชาเล็กๆปรากฏขึ้นที่ศาลพระภูมิ แม้ในวันที่เธอ ไม่ได้อยู่ที่นั่น ครั้งหนึ่ง เธอเห็นคุณเพชรกำลังจัดพวงมาลัย ตอนเช้าตรู่ เมื่อสบตากัน เขาเพียงยิ้มและยักไหล่ มะลินึกถึง คำสอนของคุณย่าที่พูดว่า "ความก้าวหน้าที่ปราศจาก ปัญญาก็เปรียบเสมือนต้นไม้ที่ไม่มีราก"

As Tanaka spoke, Mali noticed her colleagues' expressions shifting. The executives who had previously supported demolishing the spirit house now sat in thoughtful silence. In the end, the partnership deal was secured—with Tanaka specifically requesting that future collaborations incorporate cultural preservation alongside technological progress.

Within weeks, the spirit house was carefully restored. Its original details were preserved, and its foundation reinforced to withstand the elements. The sustainable garden was redesigned to complement the shrine, creating a harmony between the old and the new that impressed visitors.

But the most surprising change came when Mali started noticing small offerings appearing at the spirit house—even on days when she wasn't there. One morning, she spotted Phet carefully placing a garland of flowers. When their eyes met, he simply smiled and shrugged. Mali recalled her grandmother's words: "Progress without wisdom is like a tree without roots."

บ้านหลังที่สองของมาร์ค

Mark's Second Home

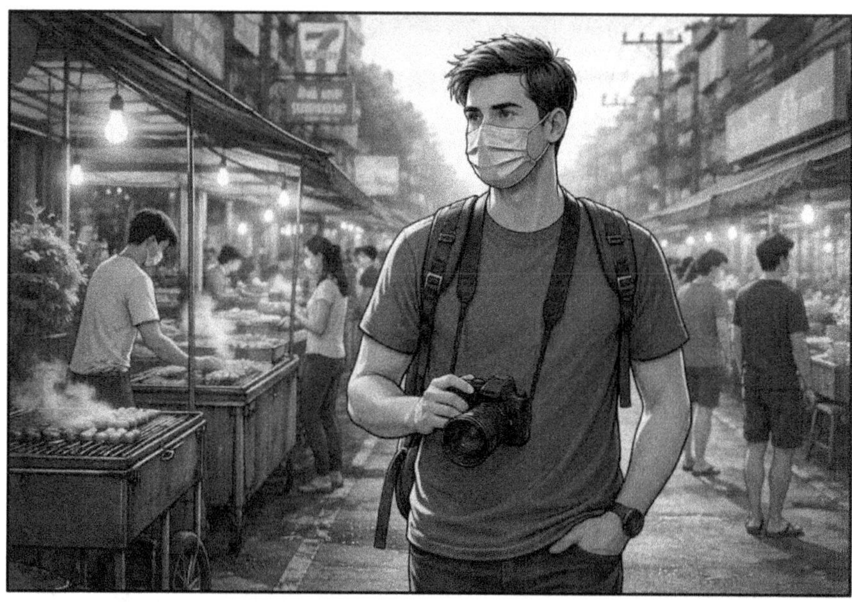

When the COVID-19 pandemic began in early 2020, millions of travelers around the world suddenly found themselves far from home. Borders closed, flights were canceled, and many people were unable to return to their countries for months, or even years. Some visitors discovered that staying in one place for a long time could turn an unfamiliar country into something that felt like home.

Thailand, known for its welcoming culture and friendly people, became an unexpected refuge for many stranded travelers. Foreign visitors, often called ฝรั่ง fà-ràng (Western foreigners) in Thai, sometimes found help from local communities when travel plans suddenly changed. Some began learning ภาษาไทย *paa-săa-tai* (Thai language), trying local food, and building friendships with people they might never have met otherwise.

In this story, an Australian photographer unexpectedly spends more than two years in Thailand after the pandemic prevents him from returning home. What begins as a short vacation gradually turns into a life-changing experience that shows how travel can create deep cultural connections and even a **บ้านหลังที่สอง** *bâan-lăng-tîi-sɔ̌ɔng* (second home).

Key Vocabulary

o **เที่ยว** *tîao* — to travel, to visit

o **ประเทศไทย** *bprà-têet-tai* — Thailand

o **นักท่องเที่ยว** *nák-tɔ̂ɔng-tîao* — tourist

o **วางแผน** *waang-pěɛn* — to plan

o **โควิด** *koo-wít* — COVID

o **ระบาด** *rá-bàat* — to spread (of disease)

o **พรมแดน** *prom-dɛɛn* — border

o **กลับบ้าน** *glàp-bâan* — to return home

o **โรงแรม** *roong-rɛɛm* — hotel

- เงิน *ngən* — money

- หางาน *hăa-ngaan* — to find work

- สอน *sɔ̌ɔn* — to teach

- ออนไลน์ *ɔɔn-lai* — online

- ห้องเช่า *hɔ̂ɔng-châo* — rented room

- ราคาถูก *raa-kaa-tùuk* — inexpensive

- วัฒนธรรม *wát-tá-ná-tam* — culture

- รายได้ *raai-dâi* — income

- ค่าใช้จ่าย *kâa-chái-jàai* — expenses

- วีซ่า *wii-sâa* — visa

- เที่ยวบิน *tîao-bin* — flight

- สถานทูต *sà-tăan-tûut* — embassy

- กักตัว *gàk-dtua* — quarantine

- สนามบิน *sà-năam-bin* — airport

- ประสบการณ์ *bprà-sòp-gaan* — experience

- ความทรงจำ *kwaam-song-jam* – memory

บ้าน หลัง ที่ สอง ของ มาร์ค

bâan lăng tîi-sɔ̌ɔng kɔ̌ɔng máak

Mark's Second Home

มาร์ค เป็น คน ออสเตรเลีย
เขา มา เที่ยว ไทย ใน ปี 2020
ตอน แรก เขา จะ อยู่ แค่ สอง อาทิตย์

máak bpen kon ɔ̀ɔtdtreelia. kǎo maa tîao tai nai bpii sɔ̌ɔng pan yîi-sìp. dtɔɔn rɛ̂ɛk kǎo jà yùu kɛ̂ɛ sɔ̌ɔng aatít.

Mark is from Australia. He came to Thailand in 2020, originally planning to stay for just two weeks.

แต่ แล้ว เกิด โควิด เขา กลับ บ้าน ไม่ ได้
เพราะ ออสเตรเลีย ปิด ประเทศ

dtɛ̀ɛ lɛ́ɛo gàat koowít. kǎo glàp bâan mâi dâi, prɔ́ ɔ̀ɔtdtreelia bpìt bpràtêet.

But then COVID hit. He couldn't return home because Australia closed its borders.

มาร์ค อยู่ ไทย นาน ขึ้น เขา เรียน ภาษา ไทย
กิน อาหาร ไทย และ มี เพื่อน คน ไทย

*máak yùu tai naan kûn. kǎo rian paasǎa tai, gin aahǎan tai, lɛ́ mii
pûan kon tai.*

Mark ended up staying in Thailand longer. He learned
Thai, ate Thai food, and made Thai friends.

หลัง จาก สอง ปี เขา ได้ วัคซีน

และ สามารถ กลับ ออสเตรเลีย ได้

lǎng jàak sǒɔng bpii kǎo dâi wáksiin, lɛ́ sǎamâat glàp ɔ̀ɔtdtreelia dâi.

After two years, he got vaccinated and was finally able
to return to Australia.

แต่ เขา ยัง คง คิด ถึง ประเทศ ไทย

และ สัญญา ว่า จะ กลับ มา อีก

*dtɛ̀ɛ kǎo yang-kong kít-tǔng bpràtêet tai, lɛ́ sǎnyaa wâa jà glàp maa
ìik.*

But he still missed Thailand and promised to come
back again.

บ้านหลังที่สองของมาร์ค

bâan lăng tîi-sɔ̌ɔng kɔ̌ɔng máak

Mark's Second Home

มาร์คเป็นนักท่องเที่ยวจากออสเตรเลีย เขามาเที่ยว
ประเทศไทยในเดือนกุมภาพันธ์ 2020 และวางแผน
จะอยู่แค่สองอาทิตย์ แต่แล้วโควิด-19 ก็ระบาด

máak bpen nák-tɔ̂ɔng-tîao jàak ɔ̌ɔtdtreelia. kăo maa tîao bpràtêet
tai nai dʉan gumpaa-pan sɔ̌ɔng pan yîi-sìp, lé waang-pěɛn jà yùu kêɛ
sɔ̌ɔng aatít. dtɛ̀ɛ lɛ́ɛo koowít sìp-gâo gɔ̂ɔ rábàat.

Mark was a tourist from Australia. He came to Thailand
in February 2020, planning to stay for just two weeks.
But then, COVID-19 broke out.

ออสเตรเลียปิดพรมแดน มาร์คกลับบ้านไม่ได้ เขา
ต้องพักในโรงแรมที่พัทยา แต่เงินเริ่มหมด

ɔ̌ɔtdtreelia bpìt promdɛɛn, máak glàp bâan mâi dâi. kăo dtɔ̂ɔng pák
nai roong-rɛɛm tîi pát-tá-yaa, dtɛ̀ɛ ngɚn râɚm mòt.

Australia closed its borders, and Mark couldn't return
home. He had to stay in a hotel in Pattaya, but soon,
his money started running out.

เขาหางานสอนภาษาอังกฤษออนไลน์ และได้เพื่อน
คนไทยชื่อสมชาย สมชายช่วยหาห้องเช่าราคาถูก
ให้

kǎo hǎa ngaan sǒɔn paasǎa anggrìt ɔɔnlai, lɛ́ dâi pûan kon tai chûu sǒmchaai. sǒmchaai chûai hǎa hôɔng-châo raakaa tùuk hâi.

He found work teaching English online and made a Thai friend named Somchai, who helped him find an affordable rental room.

ชีวิตในไทยเริ่มดีขึ้น มาร์คเรียนภาษาไทย กิน อาหารไทย และชอบวัฒนธรรมไทย

chiiwít nai tai râɔm dii-kûn. máak rian paasǎa tai, gin aahǎan tai, lɛ́ chɔ̂ɔp wáttánátam tai.

Life in Thailand gradually improved. Mark learned Thai, enjoyed Thai food, and grew to love Thai culture.

หลังจากอยู่ไทยมาสองปี มาร์คได้รับวัคซีนและ
สามารถกลับออสเตรเลียได้ แต่เขารู้สึกใจหาย
เพราะประเทศไทยกลายเป็นบ้านหลังที่สองของเขา
ไปแล้ว

lǎng jàak yùu tai maa sǒɔng bpii, máak dâi ráp wáksiin, lɛ́ sǎamâat glàp ɔ̀ɔtdtreelia dâi. dtɛ̀ɛ kǎo rúusùk jai-hǎai, prɔ́ bpràtêet tai glaai-bpen bâan lǎng tîi-sǒɔng kɔ̌ɔng kǎo bpai lɛ́ɛo.

After two years in Thailand, he finally got vaccinated and was able to return to Australia. But he felt a deep sense of sadness—Thailand had become his second home.

มาร์คสัญญากับตัวเองว่า เขาจะกลับมาเที่ยวไทยอีกแน่นอน

máak sănyaa gàp dtua-eeng wâa kăo jà glàp maa tîao tai ìik nêε-nɔɔn.

Mark promised himself that he would definitely return to Thailand again.

บ้านหลังที่สองของมาร์ค
Mark's Second Home

มาร์คเป็นช่างภาพชาวออสเตรเลียที่เดินทางมาพักผ่อนใน
ประเทศไทยช่วงต้นปี 2020 เขาวางแผนเที่ยวเพียงสาม
สัปดาห์เพื่อถ่ายภาพและสัมผัสวัฒนธรรมไทย แต่ทุกอย่าง
เปลี่ยนไปเมื่อโควิด-19 เริ่มระบาดไปทั่วโลก

Mark was an Australian photographer who traveled to
Thailand for a vacation in early 2020. He had planned
to stay for just three weeks to take photographs and
experience Thai culture, but everything changed when
COVID-19 began spreading across the world.

ในเดือนมีนาคม รัฐบาลออสเตรเลียประกาศปิดพรมแดน
อย่างเข้มงวด มาร์คพยายามจองเที่ยวบินกลับบ้านแต่ราคา
สูงเกินไป และหลายเที่ยวบินก็ถูกยกเลิก เขาติดต่อสถานทูต
ออสเตรเลีย แต่ได้รับแจ้งว่าต้องรอคิวนาน เพราะมีชาว
ออสเตรเลียจำนวนมากที่ต้องการกลับประเทศ

In March, the Australian government imposed strict
border closures. Mark tried to book a flight home, but

the prices were too high, and many flights were canceled. He contacted the Australian embassy, only to be told that he would have to wait a long time due to the large number of Australians trying to return home.

เงินเก็บของมาร์คเริ่มลดลง หลังจากต่อวีซ่าท่องเที่ยวได้

สองครั้ง เขาตัดสินใจย้ายจากโรงแรมในพัทยาไปเช่า

ห้องพักราคาถูกแทน

As his savings dwindled, Mark extended his tourist visa twice. Eventually, he decided to move from his hotel in Pattaya to a more affordable rental room.

โชคดีที่เขาได้พบกับสมชาย เจ้าของร้านอาหารท้องถิ่น

สมชายแนะนำให้มาร์คลองสอนภาษาอังกฤษออนไลน์

Fortunately, he met Somchai, the owner of a local restaurant, who suggested that Mark try teaching English online.

"คุณพูดภาษาอังกฤษเป็นภาษาแม่ คนไทยหลายคนอยาก

เรียนภาษาอังกฤษช่วงล็อกดาวน์" สมชายบอก

"You're a native English speaker. Many Thais want to learn English during the lockdown," Somchai told him.

มาร์คเริ่มสอนภาษาอังกฤษให้กับนักเรียนออนไลน์ รายได้ของเขาพอสำหรับค่าใช้จ่ายประจำวัน เขาเริ่มเรียนภาษาไทย ปรับตัวเข้ากับอาหารท้องถิ่น และเข้าใจวัฒนธรรมไทยมากขึ้น

Mark started teaching English to online students. His earnings were enough to cover his daily expenses. He also began learning Thai, adapting to local food, and gaining a deeper understanding of Thai culture.

"ผมไม่เคยคิดว่าจะอยู่ในประเทศไทยนานขนาดนี้ แต่ตอนนี้รู้สึกเหมือนที่นี่เป็นบ้านหลังที่สองของเขา" มาร์คเล่าให้สมชายฟัง หลังจากอยู่ไทยได้หนึ่งปี

"I never thought I would stay in Thailand this long, but now it truly feels like my second home," Mark told Somchai after spending a year in the country.

ช่วงกลางปี 2021 มาร์คได้รับวัคซีนโควิด-19 และในที่สุดก็ได้รับแจ้งว่าสามารถเดินทางกลับออสเตรเลียได้แล้ว แต่จะต้องกักตัวอยู่สองสัปดาห์ เขารู้สึกตื่นเต้นที่จะได้กลับบ้าน แต่ก็ใจหายที่ต้องจากประเทศไทยและเพื่อนใหม่

By mid-2021, Mark received the COVID-19 vaccine and was finally informed that he could return to Australia, though he would have to quarantine for two weeks. He was excited to go home but felt a deep sadness about leaving Thailand and the new friends he had made.

วันที่มาร์คเดินทางกลับ สมชายและเพื่อนคนไทยหลายคนมาส่งที่สนามบิน

On the day of his departure, Somchai and several Thai friends came to see him off at the airport.

"ประเทศไทยจะรอคุณเสมอ" สมชายกล่าว พร้อมยื่นของขวัญชิ้นเล็กๆให้ เป็นพวงกุญแจรูปช้างไทย

"Thailand will always be waiting for you," Somchai said, handing him a small gift—a keychain shaped like a Thai elephant.

มาร์คเดินทางกลับออสเตรเลียพร้อมกับความทรงจำและประสบการณ์ที่ดี ช่วงเวลาที่อยู่ไทย เขาสัญญากับตัวเองว่าจะกลับมาอีก ซึ่งไม่ใช่แค่ในฐานะนักท่องเที่ยวเท่านั้น แต่เป็นในฐานะของคนที่มีความผูกพันกับประเทศไทยอย่างแท้จริง

Mark returned to Australia with fond memories and valuable experiences from his time in Thailand. He promised himself that he would come back—not just as a tourist, but as someone truly connected to the country.

บ้านหลังที่สองของมาร์ค

มาร์ค แคมป์เบลล์ ช่างภาพอิสระชาวออสเตรเลียวัย 34 ปี ไม่เคยคาดคิดว่าการเดินทางพักผ่อนระยะสั้นในประเทศไทยจะกลายเป็นการใช้ชีวิตยาวนานกว่าสองปี

เขาเดินทางถึงกรุงเทพฯ เมื่อวันที่ 5 กุมภาพันธ์ 2020 โดยวางแผนเที่ยวสามสัปดาห์ เริ่มจากกรุงเทพฯ ไปเชียงใหม่ และปิดท้ายที่ชายหาดในพัทยาและภูเก็ต

ช่วงสัปดาห์แรก เขาเดินเล่นที่วัดพระแก้ว ถ่ายภาพตลาดน้ำ และทานข้าวแถวเยาวราชที่คึกคัก แต่แล้วข่าวเกี่ยวกับไวรัสปริศนาจากจีนก็เริ่มแพร่สะพัด

"คุณได้ยินเรื่องไวรัสโคโรนานั่นหรือเปล่า" เจ้าของโฮสเทลถามขณะมาร์คกำลังเช็คเอาท์

"ได้ยินมาบ้าง แต่คงไม่กระทบอะไรมาก ผมมีเวลาอีกสองสัปดาห์ก่อนกลับออสเตรเลีย"

Mark's Second Home

Mark Campbell, a 34-year-old freelance photographer from Australia, never expected that a short vacation in Thailand would turn into a stay of more than two years.

He arrived in Bangkok on February 5, 2020, planning a three-week trip—starting in Bangkok, then heading to Chiang Mai, and ending with some time on the beaches of Pattaya and Phuket.

During his first week, he strolled through the Grand Palace, photographed floating markets, and enjoyed meals in the bustling streets of Yaowarat. But then, news of a mysterious virus from China began spreading.

"Have you heard about this coronavirus?" the hostel owner asked as Mark was checking out.

"Yeah, but I don't think it'll be a big deal. I still have two weeks before I fly back to Australia."

เจ้าของโฮสเทลส่ายหน้าเบาๆ "ระวังตัวไว้ สถานการณ์เปลี่ยนเร็วมาก"

ที่เชียงใหม่ มาร์คพบว่าจำนวนนักท่องเที่ยวลดลงผิดปกติ ขณะที่เขากำลังเพลิดเพลินกับการถ่ายภาพเทศกาลท้องถิ่น ข่าวการระบาดเริ่มหนักขึ้น

กลางเดือนมีนาคม ขณะพักอยู่ที่พัทยา มาร์คได้รับอีเมลแจ้งว่าเที่ยวบินกลับบ้านของเขาถูกยกเลิก

"นี่มันเรื่องบ้าอะไรกัน!" เขาอุทาน พลางโทรหาเพื่อนที่ออสเตรเลีย

"แย่แล้วล่ะ" เพื่อนตอบ "รัฐบาลออสเตรเลียปิดพรมแดน แม้แต่พวกเราคนออสซี่เองก็กลับบ้านยาก ถ้ากลับได้ก็ต้องกักตัวในโรงแรมที่รัฐกำหนด แถมต้องจ่ายเองด้วย"

มาร์คพยายามหาตั๋วเครื่องบิน แต่ราคาสูงถึงห้าเท่าจากราคาปกติ และเที่ยวบินถูกยกเลิกแทบทุกวัน

เมื่อเขาติดต่อสถานทูตออสเตรเลีย คำตอบที่ได้รับก็ไม่ได้ช่วยให้สบายใจขึ้น

The hostel owner shook his head slightly. "Be careful. Things can change quickly."

In Chiang Mai, Mark noticed an unusual drop in tourists. While he was enjoying photographing a local festival, the news about the outbreak worsened.

By mid-March, while staying in Pattaya, Mark received an email informing him that his return flight had been canceled.

"This is insane!" he exclaimed, immediately calling a friend in Australia.

"Things are bad here," his friend replied. "The Australian government has shut the borders. Even Aussies are struggling to get home. If you do manage to return, you'll have to quarantine in a government hotel—and pay for it yourself."

Mark searched for flights, but prices had skyrocketed to five times the normal rate, and cancellations were happening daily.

When he contacted the Australian Embassy, their response wasn't reassuring.

"มีชาวออสเตรเลียติดค้างทั่วโลก เราพยายามจัดเที่ยวบิน
พิเศษ แต่ที่นั่งจำกัด คุณอาจต้องรอหลายเดือน"

"หลายเดือนเลยเหรอ ผมไม่ได้วางแผนอยู่นานขนาดนั้น
เงินก็ใกล้หมดแล้วด้วย วีซ่าก็กำลังจะหมดอายุ"

"รัฐบาลไทยมีมาตรการผ่อนปรนให้คุณขอต่อวีซ่าได้ ส่วน
เรื่องเงิน อาจต้องขอความช่วยเหลือจากครอบครัวหรือ
เพื่อน"

สองสัปดาห์ต่อมา ขณะมาร์คนั่งจิบกาแฟที่ร้านเล็กๆใกล้ที่
พัก สมชาย เจ้าของร้านก็ทักขึ้น

"คุณดูเครียดนะ มีอะไรให้ช่วยไหม"

"ผมติดอยู่ที่นี่ กลับบ้านไม่ได้ เงินก็ใกล้หมดแล้วด้วย"

สมชายยิ้มอย่างเข้าใจ "คนไทยเราเชื่อในการช่วยเหลือกัน
โดยเฉพาะแขกที่มาเยี่ยมเยียน คุณพูดภาษาอังกฤษได้ดีนะ
ทำไมไม่ลองสอนภาษาอังกฤษออนไลน์ล่ะ ตอนนี้คนไทย
หลายคนอยากเรียนภาษาแต่ไปโรงเรียนไม่ได้"

"ผมไม่เคยสอนมาก่อน" มาร์คลังเล

"There are Australians stranded all over the world. We're organizing special repatriation flights, but seats are limited. You may have to wait for months."

"Months? I wasn't planning on staying that long. I'm also running out of money, and my visa is expiring soon."

"The Thai government is offering visa extensions for foreigners. As for finances, you may need to seek help from family or friends."

Two weeks later, while sipping coffee at a small café near his guesthouse, the owner, Somchai, noticed his worried expression.

"You look stressed. Anything I can help with?"

"I'm stuck here. Can't go home, and I'm running out of money."

Somchai smiled knowingly. "In Thailand, we believe in helping each other—especially guests in our country. You speak good English. Why don't you try teaching English online? Many Thais want to learn, but schools are closed right now."

"I've never taught before," Mark hesitated.

“ไม่ต้องห่วง ผมมีเพื่อนเปิดโรงเรียนสอนออนไลน์อยู่พอดี”

หนึ่งสัปดาห์ต่อมา มาร์คเริ่มสอนภาษาอังกฤษผ่าน Zoom เขาประหลาดใจที่พบว่าตัวเองมีพรสวรรค์ด้านนี้ รายได้จากการสอนนั้นเพียงพอสำหรับค่าใช้จ่าย

“คุณมาร์ค พูดคำว่า ‘ช้าง’ อีกทีได้ไหมคะ” นักเรียนคนหนึ่งขอร้อง

มาร์คพยายามออกเสียง ทำให้นักเรียนทั้งห้องหัวเราะ และพูดว่า

“คุณพูดเหมือนเด็กๆน่ารักดี!”

ด้วยความช่วยเหลือของสมชาย มาร์คย้ายจากโรงแรมไปเช่าอพาร์ตเมนต์ราคาประหยัด และเริ่มเรียนรู้วัฒนธรรมไทย

“คุณต้องลองอาหารไทยแท้ๆนะ ไม่ใช่แบบที่ทำให้ฝรั่งกิน” สมชายพาเขาไปตลาดสด

มาร์คลองกินแกงเขียวหวาน ส้มตำ ลาบ แม้จะกลั้นน้ำตาไม่อยู่เพราะความเผ็ด แต่ในที่สุดก็เริ่มชินและชอบ

"Don't worry. I have a friend who runs an online language school."

A week later, Mark gave his first online English lesson via Zoom. To his surprise, he had a natural talent for it. The income was enough to cover his expenses.

"Mark, can you say 'elephant' again?" one of his students asked playfully.

Mark tried his best, making the class burst into laughter.

"You sound like a little kid—it's cute!"

With Somchai's help, Mark moved from a hotel to an affordable apartment and started immersing himself in Thai culture.

"You need to try real Thai food, not just the kind made for foreigners," Somchai insisted, taking him to a local market.

Mark sampled green curry, som tam, and larb. His eyes watered from the spice, but eventually, he got used to it—and even started to love it.

"ไม่เคยคิดเลยว่าผมจะติดใจอาหารไทยขนาดนี้"

"นั่นเพราะคุณเริ่มเป็นคนไทยแล้วไงซิ!" สมชายหัวเราะ

วันเวลาผ่านไป มาร์คเริ่มใช้ชีวิตในไทยเสมือนคนในท้องถิ่น เขาเรียนภาษาไทยออนไลน์ และเริ่มสั่งอาหาร พูดคุยกับพ่อค้าแม่ค้าเป็นภาษาไทย

"สวัสดีครับ ผมขอกาแฟร้อนหนึ่งแก้วครับ"

"วันนี้ภาษาไทยดีมากเลยนะคะ!" พนักงานชมเชย

ในช่วงล็อกดาวน์ มาร์คใช้เวลาว่างถ่ายภาพกรุงเทพฯ ที่เงียบสงัดผิดปกติ ถนนข้าวสารที่เคยคึกคักกลับไร้ผู้คน วัดพระแก้วที่ไม่มีนักท่องเที่ยว

"รูปพวกนี้คือบันทึกประวัติศาสตร์เลยนะ" เขาบอกสมชาย

"คุณโชคดีที่ได้เห็นประเทศไทยในแง่มุมนี้ แม้จะเป็นช่วงเวลาที่ยากลำบาก"

กลางปี 2021 มาร์คได้รับวัคซีนโควิด-19 และสถานทูตแจ้งว่าเขาสามารถเดินทางกลับออสเตรเลียได้แล้ว

"I never thought I'd fall in love with Thai food this much."

"That's because you're starting to become Thai!" Somchai laughed.

Over time, Mark began living like a local. He took Thai language classes and started ordering food and chatting with street vendors in Thai.

"Sawadee krap, one hot coffee, please," he said one morning.

"Your Thai is getting really good!" the barista complimented.

During lockdown, Mark spent his free time photographing an unusually quiet Bangkok—empty streets, a deserted Khao San Road, and a Grand Palace without tourists.

"These photos are like a historical record," he told Somchai.

"You're lucky to see Thailand like this, even if it's during a tough time."

By mid-2021, after receiving a COVID-19 vaccine, Mark was informed by the embassy that he could finally return home.

“คุณไม่อยากกลับบ้านเหรอ” สมชายถาม

มาร์คนิ่งคิดก่อนตอบ “ผมคิดถึงครอบครัวนะ แต่ประเทศไทยกลายเป็นบ้านหลังที่สองของผมไปแล้ว”

วันสุดท้ายก่อนเดินทางกลับ สมชายและเพื่อนๆจัดงานเลี้ยงส่งเล็กๆ

“ขอบคุณที่ทำให้ช่วงเวลาที่ยากลำบากของผมกลายเป็นประสบการณ์ที่มีค่า” มาร์คยกแก้ว

“และขอบคุณที่แบ่งปันวัฒนธรรมของคุณกับพวกเรา” สมชายตอบ “แม้โควิดจะพรากหลายสิ่งไป แต่มันก็นำมิตรภาพที่ไม่คาดคิดมาให้เช่นกัน”

“ผมสัญญาว่าจะกลับมาเยี่ยมอีก”

“ประเทศไทยจะรอคุณเสมอ” สมชายกล่าว พร้อมยื่นของขวัญเล็กๆเป็นพวงกุญแจช้างทำด้วยเงินและอัลบั้มภาพช่วงเวลาที่มาร์คอยู่ไทย

วันต่อมา ที่สนามบินสุวรรณภูมิ มาร์คหันไปมองประเทศไทยเป็นครั้งสุดท้ายก่อนขึ้นเครื่อง

"Aren't you excited to go back?" Somchai asked.

Mark paused before replying. "I miss my family, but Thailand has become my second home."

On his last night, Somchai and friends threw him a small farewell party.

"Thank you for turning one of the hardest times of my life into one of the most meaningful experiences," Mark said, raising his glass.

"And thank you for sharing your culture with us," Somchai replied. "COVID took a lot from us, but it also gave us unexpected friendships."

"I promise I'll come back."

"Thailand will always be here waiting for you," Somchai said, handing Mark a small gift—a silver elephant keychain and an album of photos from his time in Thailand.

The next day, at Suvarnabhumi Airport, Mark took one last look at Thailand before boarding his flight.

เมื่อถึงออสเตรเลีย ขณะที่เขาต้องกักตัวอยู่ในโรงแรม เขาเขียนอีเมลถึงสมชาย

ตอนนี้ผมกลับบ้านแล้ว แต่รู้สึกเหมือนทิ้งอีกบ้านไว้ ขอบคุณสำหรับทุกอย่าง สักวันผมจะกลับไป—คราวนี้เป็นการเดินทางที่ผมเลือกเอง ไม่ใช่เพราะถูกบังคับโดยโรคระบาด

แล้วพบกันใหม่นะ

– มาร์ค

When he arrived in Australia, quarantined in a government hotel, he opened his laptop and wrote an email to Somchai.

I'm back home, but it feels like I left another home behind. Thank you for everything. Someday, I'll return—not because I have to, but because I want to.

See you again soon.

– Mark

ช่างทอผ้าไหมคนสุดท้าย
The Last Silk Weaver

In northeastern Thailand, especially in the region known as อีสาน *ii-săan* (Isan, Northeast Thailand), handwoven silk has long been an important part of local culture. For generations, women in many villages have created beautiful textiles on a กี่ทอผ้า *gìi-tɔɔ-pâa* (traditional weaving loom) using carefully dyed silk threads. Each ลายผ้า *laai-pâa* (woven pattern) often carries symbolic meaning, telling stories about nature, community, or beliefs passed down from ancestors.

Traditionally, these skills were taught within families, with younger generations learning patiently from their mothers or grandmothers. But in recent decades, many young people have moved to cities or chosen modern careers, and fewer artisans continue the slow, detailed work of weaving ผ้าไหม *pâa-măi* (silk cloth).

In this story, a fashion design student returns to her village and discovers that only one elder weaver still knows how to create the village's traditional patterns. Determined to protect this knowledge, she tries to learn the craft and find a way to share it with a new generation.

Key Vocabulary

- นักเรียน *nák-rian* — student

- ออกแบบ *ɔ̀ɔk-bὲεp* — to design

- แฟชั่น *fεε-chân* — fashion

- บ้าน *bâan* — home, village

- หมู่บ้าน *mùu-bâan* — village

- ผ้าไหม *pâa-măi* — silk cloth

- ทอผ้า *tɔɔ-pâa* — to weave cloth

- ลายผ้า *laai-pâa* — textile pattern

- โบราณ *boo-raan* — ancient, traditional

- เรียนรู้ *rian-rúu* — to learn

- สอน *sǎɔn* — to teach

- ลอกเลียน *lɔ̂ɔk-lian* — to imitate, copy

- ลวดลาย *lûat-laai* — pattern, motif

- ผิดเพี้ยน *pìt-pían* — distorted, incorrect

- รักษา *rák-sǎa* — to preserve, protect

- ความรู้ *kwaam-rúu* — knowledge

- มรดก *mɔɔ-rá-dòk* — heritage

- ความหมาย *kwaam-mǎai* — meaning

- บรรพบุรุษ *ban-pá-bù-rùt* — ancestors

- แรงบันดาลใจ *rɛɛng-ban-daan-jai* — inspiration

- เทคนิค *ték-nìk* — technique

- ขั้นตอน *kân-dtɔɔn* — process, steps

- วัฒนธรรม *wát-tá-ná-tam* — culture

- ดั้งเดิม *dâng-dəəm* — traditional, original

- สืบทอด *sɨ̀ɨp-tɔ̂ɔt* — to pass down, inherit tradition

ช่าง·ทอ·ผ้า·ไหม·คน·สุด·ท้าย

châang-tɔɔ pâa-măi kon sùt-táai

The Last Silk Weaver

นุช·เป็น·นักเรียน·ออกแบบ·แฟชั่น

เธอ·กลับ·บ้าน·ที่·อีสาน

และ·พบ·ว่า·ป้า·เพ็ญ·เป็น·คน·สุด·ท้าย·ที่·ทอ·ผ้า

ไหม·ลาย·โบราณ·ได้

nút bpen nák-rian ɔ̀ɔk-bὲɛp fɛɛchân. təə glàp bâan tîi iisăan, lέ póp wâa bpâa pen bpen kon sùt-táai tîi tɔɔ pâa-măi laai booraan dâi.

Nuch is a fashion design student. She returns home to Isan and discovers that Aunt Phen is the last person who can weave traditional silk patterns.

นุช·อยาก·เรียน·ทอ·ผ้า·จาก·ป้า·แต่·ป้า·ไม่·สอน

ป้า·คิด·ว่า·เด็ก·รุ่น·ใหม่·ไม่·สนใจ·ของ·เก่า

nút yàak rian tɔɔ pâa jàak bpâa, dtὲɛ bpâa mâi sɔ̌ɔn. bpâa kít wâa dèk rûn mài mâi sŏn-jai kɔ̌ɔng gào.

Nuch wants to learn weaving from her aunt, but Aunt Phen refuses to teach her. She believes that the younger generation has no interest in old traditions.

วัน หนึ่ง นุช เห็น ร้าน เสื้อผ้า ใช้ ลาย ผ้า
ไหม ที่ มี ลวดลาย ผิดเพี้ยน เธอ เสียใจ มาก

wan nùng, nút hěn ráan sûa-pâa chái laai pâa-mǎi tîi mii lûat-laai pìt-pían. təə sǐa-jai mâak.

One day, Nuch sees a clothing store using silk patterns that are distorted and incorrect. She feels deeply saddened.

นุช บอก ป้า ว่า เธอ อยาก เรียน จริงๆ
อยาก รักษา ความรู้ นี้ ไว้ ป้า เห็นใจ จึง ยอม สอน

nút bɔ̀ɔk bpâa wâa təə yàak rian jing-jing, yàak rák-sǎa kwaam-rúu níi wái. bpâa hěn-jai jɯng yɔɔm sǒɔn.

Nuch tells her aunt that she truly wants to learn and preserve this knowledge. Moved by her sincerity, Aunt Phen agrees to teach her.

นุช ตั้งใจ เรียน มาก
และ ใช้ อินเทอร์เน็ต เล่า เรื่อง การ ทอ ผ้า
เด็กๆ ใน หมู่บ้าน เห็น แล้ว สนใจ
จึง มา เรียน ทอ ผ้า กัน มาก ขึ้น

nút dtâng-jai rian mâak, lé chái intəənét lâo rûang gaan-tɔɔ pâa. dèk-dèk nai mùubâan hěn lɛ́ɛo sǒn-jai jɯng maa rian tɔɔ pâa gan mâak-kɯ̂n.

Nuch studies diligently and uses the internet to share stories about silk weaving. When the village children see this, they become interested, and more of them come to learn the craft.

ช่างทอผ้าไหมคนสุดท้าย

châang-tɔɔ pâa-mǎi kon sùt-táai

The Last Silk Weaver

นุชเรียนแฟชั่นอยู่กรุงเทพฯ ช่วงปิดเทอม เธอกลับบ้านที่อีสาน แล้วก็รู้ว่า ป้าเพ็ญ ป้าของเธอ เป็นคนสุดท้ายที่ยังทอผ้าไหมลายโบราณของหมู่บ้านเป็น

nút rian fɛɛchân yùu grungtêep chûang bpìt-təəm tɤə glàp bâan tîi iisǎan lɛ́ɛo gɔ̂ɔ rúu wâa bpâa pen, bpâa kǒɔng tɤɤ, bpen kon sùt-táai tîi yang tɔɔ pâa-mǎi laai booraan kǒɔng mùubâan bpen.

Nuch is studying fashion in Bangkok. During the school break, she returns home to Isan and learns that her Aunt Phen is the last person in the village who can weave traditional silk patterns.

"ป้าขา หนูอยากเรียนทอผ้าไหมกับป้าค่ะ" นุชบอก

"bpâa kǎa nǔu yàak rian tɔɔ pâa-mǎi gàp bpâa kâ" nút bɔ̀ɔk.

"Auntie, I want to learn silk weaving from you," Nuch says.

แต่ป้าเพ็ญส่ายหน้า "เดี๋ยวนี้เด็กๆ ไม่สนใจของพวก
นี้หรอก เอาแต่ชอบแฟชั่นใหม่ๆ ป้าไม่อยาก
เสียเวลาสอนหรอก"

*dtɛ̀ɛ bpâapen sàainâa "dǐaoníi dèkdèk mâi sǒn jai kɔ̌ɔng pûaknîi rɔ̀ɔk
ao dtɛ̀ɛ chɔ̂ɔp fɛɛchân mài mài bpâa mâi yàak sǐaweelaa sɔ̌ɔn rɔ̀ɔk."*

But Aunt Phen shakes her head. "Young people these
days don't care about this. They only like modern
fashion. I don't want to waste my time teaching."

วันหนึ่ง นุชไปเดินห้าง แล้วเจอเสื้อผ้าที่ลอกเลียน
ลายผ้าไหมของหมู่บ้านมา แต่ลายก็ผิดเพี้ยนหมด
เธอรู้สึกแย่มาก

*wan nɯ̀ng nút bpai dəən hâang lɛ́ɛo jəə sɯ̂a-pâa tîi lɔ̀ɔk lian laai pâa-
mǎi kɔ̌ɔng mùubâan maa dtɛ̀ɛ laai gɔ̂ɔ pìtpían mòt təə rúusɯ̀k yɛ̂ɛ
mâak.*

One day, while walking through a shopping mall, Nuch
sees clothes that imitate her village's silk patterns, but
the designs are all distorted. She feels terrible.

"ป้าคะ ถ้าเราไม่สอนคนรุ่นใหม่ ลายโบราณของเรา
ก็จะหายไปจริงๆ" นุชพูด "หนูอยากเรียนจริงๆ นะ
อยากเอาไปใช้ในงานออกแบบ แต่จะใช้ให้ถูกต้อง
และเหมาะสม"

"Auntie, if we don't teach the younger generation, our traditional patterns will truly disappear," Nuch says. "I really want to learn. I want to incorporate them into my designs, but I'll make sure to use them correctly and respectfully."

ป้าเพ็ญเห็นว่านุชตั้งใจจริง ก็เลยตกลงสอน นุช ตั้งใจเรียนมาก แล้วยังถ่ายคลิปลงโซเชียล เล่าเรื่อง การทอผ้าอีกด้วย

Seeing Nuch's determination, Aunt Phen finally agrees to teach her. Nuch studies hard and even shares videos on social media, telling the story of silk weaving.

เด็กๆในหมู่บ้านเห็นคลิปของนุช ก็เริ่มสนใจทอผ้า ไหมกัน ป้าเพ็ญดีใจที่ความรู้เก่าๆจะไม่หายไป และ ภูมิใจที่หลานช่วยรักษามรดกของครอบครัว

When the village children see Nuch's videos, they become interested in silk weaving too. Aunt Phen is overjoyed that the ancient knowledge will not be lost and feels proud that her niece is helping to preserve the family's heritage.

ช่างทอผ้าไหมคนสุดท้าย
The Last Silk Weaver

นุชเรียนปีสุดท้ายที่คณะแฟชั่นดีไซน์ในกรุงเทพฯ ช่วงปิด เทอม เธอกลับบ้านที่สุรินทร์ แล้วได้ยินแม่คุยกับเพื่อนบ้าน ว่า ตอนนี้มีแต่ป้าเพ็ญเท่านั้นที่ยังทอผ้าไหมลายโบราณของ หมู่บ้านเป็น

Nuch is in her final year at a fashion design faculty in Bangkok. During the school break, she returns home to Surin and overhears her mother talking with a neighbor, saying that Aunt Phen is now the only person in the village who can still weave its traditional silk patterns.

"เมื่อก่อน ผู้หญิงแถวนี้ทอผ้าไหมกันทุกบ้านเลยนะ" แม่ บอกนุช "ลายพิเศษของเรามีมาตั้งแต่สมัยยายของยาย แต่ ละลายมีความหมาย เล่าเรื่องราวของบ้านเรา"

"In the past, every household around here wove silk," her mother tells her. "Our special patterns have been passed down since your great-great-grandmother's time. Each one has meaning—it tells the story of our home."

นุชเลยไปหาป้าเพ็ญที่บ้าน เธอเห็นที่ทอผ้าเก่าๆกับผ้าไหมที่ป้ากำลังทอ ลายบนผ้าละเอียดอ่อนช้อย เส้นไหมเป็นเงาระยับเวลาสะท้อนแสง

Curious, Nuch visits Aunt Phen's house. She sees an old wooden loom and the shimmering silk fabric her aunt is weaving. The intricate patterns are delicate and graceful, with silk threads that gleam under the light.

"ป้าขา หนูขอเรียนทอผ้าไหมกับป้าได้ไหมคะ" นุชถาม "หนูอยากเอาลายผ้าไหมไปใช้ในคอลเลคชั่นจบของหนู"

"Auntie, may I learn silk weaving from you?" Nuch asks. "I want to use these patterns in my graduation collection."

ป้าเพ็ญหยุดทอผ้า มองหน้านุชแบบไม่ค่อยพอใจ "จะมาเรียนทำไม เด็กสมัยนี้อยากได้อะไรง่ายๆเร็วๆไม่มีใครอยากนั่งทอผ้าทั้งวันหรอก ป้าสอนมาหลายคนแล้ว พอเจอยากหน่อยก็เลิกกันหมด"

Aunt Phen stops weaving and looks at her with disapproval. "Why do you want to learn? Young people these days only want quick and easy things. No one wants to sit and weave all day. I've taught many before, but they all quit as soon as it gets difficult."

นุชพยายามบอกว่าตัวเองตั้งใจจริง แต่ป้าเพ็ญไม่ฟัง

Nuch tries to convince her that she is truly committed, but Aunt Phen refuses to listen.

วันหนึ่ง นุชไปเดินห้างในเมือง เธอตกใจมาก พอเห็นเสื้อผ้า แบรนด์ดังใช้ลายคล้ายผ้าไหมหมู่บ้าน แต่ลวดลายผิดเพี้ยน ไปมาก และลายที่ควรใช้ในงานแต่งงานกลับไปอยู่บนชุด นอน

One day, while shopping in the city, Nuch is shocked to see a famous fashion brand using silk patterns similar to those from her village. However, the designs are completely distorted. Even worse, a pattern meant for wedding attire has been placed on sleepwear.

นุชกลับไปหาป้าเพ็ญอีกที "ป้าคะ ถ้าเราไม่รักษาความรู้นี้ ไว้ คนอื่นก็จะเอาไปใช้ผิดๆ ลายของเราก็จะสูญเสีย หนู อยากเรียนจริงๆอยากเข้าใจที่มาของแต่ละลาย"

Distressed, Nuch returns to Aunt Phen. "Auntie, if we don't preserve this knowledge, others will misuse it, and our designs will lose their true meaning. I really want to learn—not just to use the patterns but to understand their origins."

ป้าเพ็ญเห็นน้ำตาในตาของนุช แล้วก็เริ่มเข้าใจ "ก็ได้ ป้าจะสอนให้ แต่ต้องเริ่มจากพื้นฐานก่อนนะ ต้องรู้ว่าลายแต่ละลายมาจากไหน"

Seeing the tears in Nuch's eyes, Aunt Phen finally understands. "Alright, I'll teach you. But you must start with the basics. You need to know where each pattern comes from."

นุชตั้งใจเรียนมาก เธออัดวิดีโอขั้นตอนการทอผ้า จดความหมายของแต่ละลาย แล้วก็แชร์เรื่องราวลงโซเชียล เธอเล่าถึงความสำคัญของผ้าไหมพื้นบ้าน แล้วก็วิธีเอามาใช้ในแฟชั่นให้ดูร่วมสมัย แต่ยังคงรูปแบบวัฒนธรรมเดิมเอาไว้

Nuch dedicates herself to learning. She records videos of the weaving process, documents the meanings behind each pattern, and shares the stories on social media. She explains the cultural significance of traditional silk and how it can be incorporated into modern fashion while preserving its original essence.

เด็กๆ ในหมู่บ้านเห็นโพสต์ของนุชก็เริ่มสนใจทอผ้าไหม พวกเขาขอมาฝึกกับป้าเพ็ญด้วย ป้าเพ็ญยิ้มอย่างมีความสุข

The village children see Nuch's posts and become interested in silk weaving. They start asking to learn from Aunt Phen too. Seeing them practice with enthusiasm, Aunt Phen smiles with happiness.

"บางทีของเก่ากับของใหม่ก็อยู่ด้วยกันได้นะ" ป้าเพ็ญพูดขณะมองนุชสอนเด็กๆทอผ้า "แค่ต้องรู้จักรักษาแก่นแท้เอาไว้"

"Maybe the old and the new can exist together," she says, watching Nuch teach the children how to weave. "As long as we know how to preserve the heart of it."

ช่างทอผ้าไหมคนสุดท้าย

แสงแดดยามเช้าส่องผ่านหน้าต่างไม้เก่าๆ ตกกระทบเส้นไหมสีทองที่ขึงอยู่บนที่ทอผ้า นุชยืนนิ่ง มองป้าเพ็ญนั่งทอผ้าอยู่ที่หน้าบ้านไม้เก่า มือของป้าเคลื่อนไหวอย่างคล่องแคล่วและแม่นยำ ราวกับกำลังร่ายรำกับเส้นไหม บรรยากาศตรงหน้าแตกต่างลิบลับจากห้องเรียนแฟชั่นในกรุงเทพฯ ที่เธอเพิ่งจากมาเมื่อสองวันก่อน

"สวัสดีค่ะป้า" นุชทัก พลางวางกระเป๋าใบเล็กที่ใส่สมุดสเก็ตช์ลงข้างตัว "แม่บอกว่าตอนนี้เหลือป้าคนเดียวแล้วที่ยังทอลายนี้ได้"

ป้าเพ็ญเงยหน้าขึ้น แต่มือยังไม่หยุดทอ "ใช่ ไม่มีใครสนใจจะสืบทอดแล้ว เด็กๆสมัยนี้คิดว่าการทอผ้ายากและช้า สู้กดมือถือไม่ได้ เห็นผลเร็วกว่าเยอะ"

นุชนั่งลงข้างๆที่ทอผ้า สายตาจับจ้องลายผ้าทอที่ทั้งประณีตและซับซ้อน "ลายนี้สวยจังค่ะ ดูเหมือนต้นไม้ แต่แฝงดอกไม้เล็กๆด้วย"

The Last Silk Weaver

The morning sunlight streamed through the old wooden window, illuminating the golden silk threads stretched across the loom. Nuch stood still, watching as Aunt Phen sat at the entrance of her old wooden house, weaving with swift and precise hands, as if she were dancing with the silk threads. The scene before her was a world away from the fashion classrooms in Bangkok that she had left just two days ago.

"Good morning, Auntie," Nuch greeted, placing her small bag with her sketchbook beside her. "Mom told me that you're the only one left who can still weave this pattern."

Aunt Phen looked up but didn't stop weaving. "That's right. No one is interested in carrying it on anymore. Young people these days think weaving is too slow and difficult. Pressing buttons on their phones gives them results much faster."

Nuch sat down beside the loom, her eyes fixed on the intricate and elaborate pattern. "This design is beautiful. It looks like a tree, but there are tiny flowers hidden within it."

ป้าเพ็ญชะงัก ดวงตาเป็นประกายแวววาว "เธอสังเกตเห็นดอกไม้ด้วยเหรอ คนส่วนใหญ่มองไม่เห็นหรอก นี่คือลาย 'ต้นชีวิต' ที่เล่าเรื่องความเชื่อของบรรพบุรุษเรา แต่ละดอกไม้แทนคุณธรรม ดอกบัวแทนความอดทน ดอกพิกุลแทนความอ่อนโยน..."

นุชรีบเปิดสมุดสเก็ตช์ วาดลายที่เห็นลงไปอย่างรวดเร็ว "หนูกำลังเรียนปีสุดท้ายที่คณะแฟชั่นดีไซน์ค่ะ อยากทำคอลเลคชั่นที่ได้แรงบันดาลใจจากผ้าไหมบ้านเรา"

สีหน้าป้าเพ็ญเปลี่ยนไปทันที "อ๋อ จะเอาไปทำเสื้อผ้าสมัยใหม่สินะ ตัดต่อ ดัดแปลง จนจำต้นฉบับไม่ได้ เหมือนที่พวกห้างทำ"

"ไม่ใช่แบบนั้นค่ะป้า หนูอยากเข้าใจความหมายของลายผ้า อยากรู้ว่าทำไมต้องใช้เทคนิคแบบนี้ หนูคิดว่าถ้าเราไม่รักษาความรู้นี้ไว้ มันจะหายไปพร้อมกับคนรุ่นป้า"

Aunt Phen paused, her eyes gleaming with surprise. "You noticed the flowers? Most people don't. This is the 'Tree of Life' pattern, telling the beliefs of our ancestors. Each flower represents a virtue—the lotus symbolizes patience, and the pikul flower represents gentleness…"

Nuch quickly opened her sketchbook, sketching the pattern as fast as she could. "I'm in my final year studying fashion design. I want to create a collection inspired by our village's silk."

Aunt Phen's expression changed instantly. "Oh, so you want to turn it into modern clothes? Alter it, reshape it, until it's unrecognizable—just like the department stores do?"

"It's not like that, Auntie. I want to understand the meaning behind the patterns. I want to know why certain techniques are used. If we don't preserve this knowledge, it will disappear with your generation."

ป้าเพ็ญเงียบไปครู่หนึ่ง ก่อนจะหยิบผ้าไหมผืนเก่าจากใน บ้านออกมา "นี่ผ้าที่ยายของป้าทอ ป้าจำได้ว่าตอนเด็กๆนั่ง ดูยายทอผ้าทุกวัน ยายบอกว่าทุกลายมีที่มา ทุกเส้นมี ความหมาย ไม่ใช่แค่สวย แต่ต้องทำให้ถูกต้อง"

สองสัปดาห์ต่อมา นุชไปเดินห้างในตัวจังหวัด เธอชะงักเมื่อ เห็นเสื้อผ้าแบรนด์หนึ่งใช้ลายคล้ายผ้าไหมของหมู่บ้าน แต่ ลายถูกปรับให้เรียบง่ายเกินไป และถูกนำไปใช้ผิดที่ผิดทาง ลายที่ควรอยู่บนผ้าห่มศพ กลับไปใช้ทำชุดปาร์ตี้

นุชรีบกลับไปหาป้าเพ็ญ เล่าสิ่งที่เห็นให้ฟัง "ป้าคะ ถ้าเราไม่ สอนคนรุ่นใหม่ให้เข้าใจ แบบนี้ก็จะเกิดขึ้นอีกเรื่อยๆ หนูขอ เรียนกับป้านะคะ หนูจะตั้งใจ หนูจะจดทุกอย่าง จะเก็บ รักษาความรู้นี้ไว้"

ป้าเพ็ญมองหน้าหลานสาวซักครู่ ก่อนถอนหายใจ "การทอ ผ้าไม่ใช่แค่เรื่องเทคนิค แต่มันคือเรื่องของหัวใจ ของความ เชื่อ ของวิถีชีวิต เธอต้องเข้าใจทั้งหมดนี้"

Aunt Phen fell silent for a moment before bringing out an old silk cloth from inside the house. "This was woven by my grandmother. I remember sitting beside her every day as a child, watching her weave. She told me that every pattern has an origin, every thread has meaning. It's not just about beauty—it must be done correctly."

Two weeks later, while browsing a department store in the city, Nuch stopped in shock. A well-known fashion brand was using silk patterns similar to those from her village, but they had been simplified beyond recognition. Worse, a design meant for funeral shrouds had been used on a party dress.

Distressed, Nuch rushed back to Aunt Phen. "Auntie, if we don't teach the younger generation to understand these patterns, this will keep happening. Please teach me. I'll commit myself fully. I'll document everything and make sure this knowledge is preserved."

Aunt Phen looked at her niece for a long time before sighing. "Weaving isn't just about technique. It's about heart, belief, and way of life. You must understand it all."

หนูพร้อมเรียนรู้ค่ะ นุชตอบอย่างมั่นใจ

การเรียนรู้เริ่มต้นขึ้นอย่างจริงจัง นุชตื่นแต่เช้ามาช่วยป้า เพ็ญย้อมไหม คัดเส้นไหม และฝึกทอทีละขั้นตอน เธอบันทึก วิดีโอ จดทุกเทคนิค ทุกความหมายของลายผ้า และแชร์ เรื่องราวลงโซเชียลมีเดีย

การทอผ้าไหมไม่ใช่แค่งานฝีมือ แต่มันคือภูมิปัญญาที่สั่งสม กันมาหลายชั่วอายุคน นุชเขียนลงบล็อก พร้อมแชร์ภาพ ขั้นตอนการทอ "แต่ละลายมีความหมาย มีกาลเทศะ เรา ต้องเข้าใจก่อนจะนำไปใช้"

โพสต์ของนุชได้รับความสนใจอย่างล้นหลาม โดยเฉพาะ จากเด็กๆ ในหมู่บ้านที่ไม่เคยสนใจการทอผ้ามาก่อน พวก เขาเริ่มอยากเรียนกับป้าเพ็ญกันบ้าง

คอลเลคชั่นจบของนุช ผสมผสานความร่วมสมัยกับความ ดั้งเดิมได้อย่างลงตัว เธอใช้ผ้าไหมทอมือจากหมู่บ้าน ตัด เย็บในสไตล์โมเดิร์น แต่ยังคงความดั้งเดิมของลายผ้า

I'm ready to learn, Nuch replied confidently.

Her training began in earnest. Every morning, Nuch woke up early to help Aunt Phen dye silk, select threads, and practice weaving step by step. She recorded videos, wrote down every technique, every meaning behind the patterns, and shared the stories on social media.

Weaving silk isn't just a craft—it's wisdom accumulated over generations, Nuch wrote on her blog, alongside photos of the weaving process. "Every pattern has meaning, a time and place. We must understand it before we use it."

Her posts garnered enormous attention, especially from children in the village who had never been interested in weaving before. Inspired, they began asking to learn from Aunt Phen as well.

For her graduation collection, Nuch seamlessly blended modernity with tradition. She used handwoven silk from the village, crafting contemporary designs while preserving the integrity of the original patterns.

หนูทำได้แล้วค่ะป้า นุชพูด ขณะโชว์ชุดที่ออกแบบเสร็จให้ป้าดู "หนูเอาความเก่ากับความใหม่มาอยู่ด้วยกัน โดยไม่ทำลายลวดลายผ้าเดิม"

ป้าเพ็ญยิ้ม น้ำตาคลอ "ป้าดีใจที่ไว้ใจให้เธอเรียนรู้ ตอนนี้ป้าไม่ต้องกลัวแล้วว่าความรู้นี้จะหายไปกับป้า"

หลายเดือนต่อมา นุชตั้งเวิร์กชอปเล็กๆ ในหมู่บ้าน เธอแบ่งเวลาระหว่างออกแบบเสื้อผ้าร่วมสมัยกับสอนนักเรียนรุ่นใหม่ เธอกำหนดกฎเกณฑ์การใช้ลายผ้าอย่างเข้มงวดเพื่อให้แน่ใจว่าทุกการออกแบบยังรักษาความดั้งเดิมเอาไว้

"ผ้าไหมไม่ใช่แค่ผ้า แต่มันคือภาษาที่เล่าเรื่องราวของเรา" กลายเป็นคำขวัญประจำเวิร์กชอปของเธอ ผลงานของเธอได้รับความสนใจจากนิตยสารแฟชั่น แต่มากไปกว่านั้น มันจุดประกายให้คนรุ่นใหม่ในหมู่บ้านหันมาทอผ้า

ทุกๆวันหยุด เสียงที่ทอผ้าดังไปทั่วหมู่บ้าน เด็กๆมานั่งเรียนกับป้าและยายของพวกเขา ลายผ้าโบราณยังคงมีชีวิต เรื่องราวถูกสืบทอดต่อไป แม้ถูกปรับเปลี่ยนด้วยมือคนรุ่นใหม่ แต่มันไม่เคยสูญเสียคุณค่าความดั้งเดิม

I did it, Auntie, Nuch said, showing Aunt Phen her completed designs. "I brought the old and the new together without erasing the essence of the fabric."

Aunt Phen smiled, her eyes welling with tears. "I'm glad I trusted you to learn. Now I no longer fear that this knowledge will disappear with me."

Months later, Nuch established a small weaving workshop in the village. She balanced her time between designing contemporary fashion and teaching the next generation. She set strict guidelines for using traditional patterns, ensuring that every design honored its cultural roots.

"Silk isn't just fabric—it's a language that tells our story." This became the motto of her workshop. Her work caught the attention of fashion magazines, but more importantly, it sparked a revival in her village.

On weekends, the rhythmic sounds of weaving filled the air. Children sat with their aunts and grandmothers, learning to weave. The ancient patterns lived on, passed down not as relics of the past but as a heritage embraced by a new generation—preserved, yet evolving, never losing their true essence.

ความลับของ
อาหารข้างถนน
The Street Food Secret

In Bangkok, some of the most memorable meals are not found in luxury restaurants but on the sidewalks. Thailand's famous อาหารข้างถนน *aa-hăan kâang tà-nŏn* (street food) culture fills the city with the smells of sizzling woks, simmering soups, and charcoal grills late into the night. One particularly beloved dish is ก๋วยเตี๋ยวเรือ *gŭai-dtĭao-ruua* (boat noodles), a rich, aromatic noodle soup traditionally served in small bowls. Many vendors sell it from a simple รถเข็น *rót-kĕn* (pushcart) or a small แผง *pĕeng* (street stall) along busy lanes such as ซอย

สุขุมวิท 38 *rɔɔi-sù-kŭm-wít săam-sìp-bpèɛt* (Sukhumvit Soi 38), once one of Bangkok's most famous street food streets.

For decades, these family-run stalls have passed down recipes through generations. But as Bangkok modernizes, many street vendors face relocation in the name of **การฟื้นฟูเมือง** *gaan-fúun-fuu-mʉang* (urban redevelopment).

In this story, a successful restaurant chef must rediscover the flavors of his childhood and decide what truly gives Thai food its **จิตวิญญาณ** *jìt-win-yaan* (spirit).

Key Vocabulary

o **เชฟ** *chéf* — chef

o **ร้านอาหาร** *ráan-aa-hăan* — restaurant

o **ราคา** *raa-kaa* — price

o **ทันสมัย** *tan-sà-măi* — modern

o **ก๋วยเตี๋ยว** *gŭai-dtĭao* — noodles

o **ข้างถนน** *kâang-tà-nŏn* — street, roadside

o **นักวิจารณ์อาหาร** *nák-wí-jaan-aa-hăan* — food critic

o **รสชาติ** *rót-châat* — flavor, taste

o **ลูกค้า** *lûuk-káa* — customer

- **สูตร** *sùut* — recipe

- **พ่อค้าแม่ค้า** *pɔ̂ɔ-káa-mɛ̂ɛ-káa* — vendors, street sellers

- **รถเข็น** *rót-kĕn* — pushcart

- **บทวิจารณ์** *bòt-wí-jaan* — review, critique

- **น้ำซุป** *náam-súp* — broth

- **ชิม** *chim* — to taste

- **กระทะ** *grà-tá* — pan, wok

- **เครื่องเทศ** *krûang-têet* — spices

- **กระดูกหมู** *grà-dùuk-mǔu* — pork bones

- **ผักบุ้ง** *pàk-bûng* — water spinach (morning glory)

- **โหระพา** *hǒo-rá-paa* — sweet basil

- **อบเชย** *òp-chəəi* — cinnamon

- **โป๊ยกั๊ก** *bpóoi-gák* — star anise

- **ครก** *krók* — mortar (for pounding ingredients)

- **วัฒนธรรมอาหาร** *wát-tá-ná-tam-aa-hǎan* — food culture

- **อนุรักษ์** *à-nú-rák* — to preserve, conserve

ความลับ ของ อาหาร ข้าง ถนน

kwaam-láp kɔ̌ɔng aahǎan kâang-tànɔ̌n

The Street Food Secret

ศร เป็น เชฟ ที่ ร้าน อาหาร ใหญ่

อาหาร ของ เขา ราคา แพง และ ดู ทัน สมัย แต่ คุณ

ยาย ของ เขา เคย ขาย ก๋วยเตี๋ยว ริม ข้าง ถนน

sɔ̌ɔn bpen chêef tîi ráan aahǎan yài. aahǎan kɔ̌ɔng kǎo raa-kaa pɛɛng lɛ́ duu tan-sà-mǎi, dtɛ̀ɛ kun yaai kɔ̌ɔng kǎo kəəi kǎai gǔai-dtǐao rim kâang tànɔ̌n.

Sorn is a chef at a high-end restaurant. His food is expensive and modern, but his grandmother used to sell noodles on the street.

วัน หนึ่ง คุณ แม่ ของ เขา โทร มา

"เขา กำลัง จะ ปิด ที่ ขาย อาหาร ข้าง ถนน"

แม่ บอก

wan nɨ̀ng, kun mɛ̂ɛ kɔ̌ɔng kǎo too maa: "kǎo gamlang jà bpìt tîi kǎai aahǎan kâang tànɔ̌n" mɛ̂ɛ bɔ̀ɔk

One day, his mother called him. "They're going to shut down the street food stall," she said.

วัน นั้น นัก วิจารณ์ อาหาร มา ที่ ร้าน ของ ศร

เขา ไม่ ชอบ อาหาร "อาหาร ดู ดี นะ

แต่ ไม่ มี รส ชาติ ความเป็น ไทย" เขา เขียน

That same day, a food critic came to Sorn's restaurant. He didn't like the food. "The food looks good, but it lacks authentic Thai flavor," he wrote.

ศร ไป ที่ ที่ ขาย อาหาร ข้าง ถนน เก่า ของ คุณยาย

เขา กิน ก๋วยเตี๋ยว แบบ ที่ คุณยาย เคย ทำ

รส ชาติ อร่อย สุดๆ

Sorn went to his grandmother's old street food stall. He ate the noodles just the way she used to make them. The taste was incredible.

ตอน นี้ ศร ทำ เมนู ใหม่ ที่ ร้าน

เขา ใช้ สูตร ของ คุณยาย

ลูก ค้า ชอบ อาหาร ของ เขา

และ เขา ยัง ช่วย พ่อ ค้า แม่ ค้า อาหาร ข้าง ถนน หา
ที่ เปิด ร้าน ใหม่ ด้วย

Now, Sorn has introduced a new menu at his restaurant. He uses his grandmother's recipes. Customers love his food, and he also helps street food vendors find new places to set up their stalls.

ความลับของอาหารข้างถนน

kwaam-láp kɔ̌ɔng aahǎan kâang-tànǒn

The Street Food Secret

ศรเป็นเชฟในร้านอาหารหรูที่กรุงเทพฯ เขาเคยไปเรียนทำอาหารที่ฝรั่งเศส อาหารไทยสไตล์โมเดิร์นของเขาราคาแพงจานละกว่าหนึ่งพันบาท แต่เขามีความลับที่ไม่อยากบอกใคร คือ คุณยายของเขาเคยขายก๋วยเตี๋ยวเรือจากรถเข็นเล็กๆที่ซอยสุขุมวิท 38

sɔ̌ɔn bpen chêef nai ráan-aahǎan rǔu tîi grungtêep. kǎo kəəi bpai rian tam-aahǎan tîi fàràngsèet. aahǎan tai sàdtai moodəən kɔ̌ɔng kǎo raakaa pɛɛng, jaan lá gwàa nɯ̀ng pan bàat. dtɛ̀ɛ kǎo mii kwaam-láp tîi mâi yàak bɔ̀ɔk krai, kɯɯ kunyaai kɔ̌ɔng kǎo kəəi kǎai gǔai-dtǐao rɯa jàak rót-kěn lék-lék tîi sɔɔi sùkǔmwít sǎam-sìp bpɛ̀ɛt.

Sorn is a chef at a luxury restaurant in Bangkok. He once studied culinary arts in France. His modern Thai cuisine is expensive, with each dish costing over a thousand baht. But he has a secret he doesn't want anyone to know—his grandmother used to sell boat noodles from a small cart on Sukhumvit Soi 38.

เช้าวันหนึ่ง คุณแม่ของศรโทรมาบอกว่า "เขาจะปิด
แผงขายอาหารข้างถนนที่ซอย 38 นะ ที่เก่าของคุณ
ยายกำลังจะหายไป"

cháao wan nùng, kun mɛ̂ɛ kɔ̌ɔng sɔ̌ɔn too maa bɔ̀ɔk wâa: "kǎo jà bpìt pɛ̌ɛng kǎi aahǎan kâang-tànǒn tîi sɔɔi sǎam-sìp bpɛ̀ɛt ná. tîi gào kɔ̌ɔng kunyaai gamlang jà hǎai bpai."

One morning, Sorn's mother called and told him, "They're going to close down the street food stalls on Soi 38. Your grandmother's old spot is about to disappear."

ศรรู้สึกโล่งใจนิดๆเขาไม่อยากให้ลูกค้าในร้านรู้ว่า
เขามาจากครอบครัวที่เคยขายอาหารข้างถนน คืน
นั้น นักวิจารณ์อาหารชื่อดังมาที่ร้าน ศรตั้งใจ
ทำอาหารอย่างดีที่สุด

sɔ̌ɔn rúusùk lôong-jai nít-nít. kǎo mâi yàak hâi lûuk-káa nai ráan rúu wâa kǎo maa jàak krɔ̂ɔp-krua tîi kəəi kǎi aahǎan kâang-tànǒn. kʉʉn nán, nák-wíjaan aahǎan chʉ̂ʉ-dang maa tîi ráan. sɔ̌ɔn dtâng-jai tam aahǎan yàang dii tîi sùt.

Sorn felt a slight sense of relief—he didn't want his restaurant's customers to know that he came from a family that once sold street food. That night, a famous food critic came to his restaurant. Sorn put all his effort into making the best dish possible.

วันต่อมา เขาอ่านบทวิจารณ์ "อาหารดูสวยงามแต่ขาดจิตวิญญาณ ไม่มีรสชาติที่แท้จริงของไทย"

The next day, he read the review: "The food looks beautiful but lacks soul. It does not have the true taste of Thailand."

คืนนั้น ศรไปที่ซอย 38 เขาเห็นคุณป้าคนหนึ่งกำลังทำก๋วยเตี๋ยวเรือ เหมือนที่คุณยายของเขาเคยทำ กลิ่นหอมของน้ำซุปทำให้เขานึกถึงอดีต เขาตัดสินใจลองชิมน้ำซุป มันอร่อยมาก!

That night, Sorn went to Soi 38. He saw an old woman making boat noodles, just as his grandmother used to. The aroma of the broth brought back memories of his past. He decided to take a sip—it was delicious!

สัปดาห์นั้น ศรคิดเมนูใหม่ เขานำเทคนิคแบบฝรั่งเศสมาผสมกับสูตรของคุณยาย นอกจากนี้ เขายังช่วยพ่อค้าแม่ค้าหาที่ขายอาหารแห่งใหม่ด้วย

*sàpdaa nán, sɔ̆ɔn kít meenuu mài. kăo nam têekník bὲɛp fàràngsèet
maa pà-sŏm gàp sùut kɔ̆ɔng kunyaai. nɔ̂ɔk jàak níi, kăo yang chûai
pɔ̂ɔ-káa mêɛ-káa hăa tîi kăi aahăan hὲng mài dûai.*

That week, Sorn created a new menu, blending French
techniques with his grandmother's recipes. He also
helped the street vendors find a new place to sell their
food.

ตอนนี้ ร้านของศรโด่งดังเรื่องก๋วยเตี๋ยวเรือเป็น
พิเศษ และเขาภูมิใจที่ได้บอกลูกค้าว่า "นี่คือสูตร
ของคุณยายผมจากซอยสุขุมวิท 38"

*dtɔɔn-níi, ráan kɔ̆ɔng sɔ̆ɔn dòong-dang rûang gŭai-dtĭao rʉa bpen
písèet, lé kăo puum-jai tîi dâi bɔ̀ɔk lûuk-káa wâa "nîi kʉʉ sùut kɔ̆ɔng
kunyaai pŏm jàak sɔɔi sùkŭmwít săam-sìp bpὲɛt."*

Now, Sorn's restaurant is famous for its boat noodles,
and he proudly tells his customers, "This is my
grandmother's recipe from Sukhumvit Soi 38."

ความลับของอาหารข้างถนน
The Street Food Secret

เชฟศร ทวีศักดิ์ ใส่เสื้อกุ๊กสีขาวสะอาดเรียบร้อยและ ตรวจเช็คห้องครัวที่ทันสมัยของเขาที่ร้านอาหารชื่อ "ครัว" หนึ่งในร้านอาหารที่แพงที่สุดในกรุงเทพฯ กระทะสแตนเลส ขัดเงาแขวนเรียงกันเป็นแถว และผู้ช่วยเชฟสามคนทำงาน กันเงียบๆ ทุกอย่างเป็นไปตามที่เขาฝันไว้ตลอดหลายปีที่ ฝึกฝนอยู่ที่ฝรั่งเศส

Chef Sorn Thawisak stood in his pristine white chef's coat, meticulously inspecting the modern kitchen of his restaurant, Krua—one of the most expensive restaurants in Bangkok. Polished stainless-steel pans hung neatly in rows, and three sous-chefs worked in silence. Everything was just as he had dreamed throughout the years he spent training in France.

โทรศัพท์ของเขาสั่นด้วยข้อความจากคุณแม่ "พวกเขากำลัง จะปรับปรุงซอยสุขุมวิท 38 พ่อค้าแม่ค้าทุกคนต้องย้าย ออกภายในเดือนหน้า" ทันใดนั้น รูปภาพร้านก๋วยเตี๋ยวเรือ

เก่าของคุณยายปรากฏขึ้นบนหน้าจอ โต๊ะไม้ธรรมดาที่ยังคงเสิร์ฟอาหารให้ลูกค้าจนดึกดื่น "พ่อค้าแม่ค้าบางคนขายอาหารที่นี่มากว่าสามสิบปีแล้ว แม่ปราณีเพื่อนของคุณยายเสียใจมาก"

His phone vibrated with a message from his mother: "They're going to renovate Sukhumvit Soi 38. All the street vendors must move out by next month." Suddenly, an image of his grandmother's old boat noodle stall appeared on his screen—simple wooden tables that had served customers late into the night. "Some of these vendors have been selling food here for over thirty years. Auntie Pranee, your grandmother's old friend, is devastated."

ศรรู้สึกโล่งใจนิดๆ เขาพยายามแยกตัวออกจากภูมิหลังที่บ้านของเขาขายอาหารข้างถนน ไม่เคยเล่าให้เพื่อนร่วมงานหรือลูกค้าฟังว่าเขาเติบโตมากับการช่วยคุณยายขายก๋วยเตี๋ยวเรือจากรถเข็นธรรมดาๆ ในความคิดของเขาอาหารระดับภัตตาคารและอาหารข้างถนนเป็นคนละโลกกัน

Sorn felt a slight relief. He had worked hard to distance himself from his family's street food background, never mentioning to colleagues or customers that he had grown up helping his grandmother sell boat noodles from a simple cart. In his mind, fine dining and street food were two entirely different worlds.

เย็นวันนั้น นักวิจารณ์อาหารชื่อดัง ชาลี แซ่ตั้ง มาเยือนที่ร้าน "ครัว" ศรเตรียมอาหารชื่อดังของเขาไว้ เช่น ต้มยำกุ้งล็อบสเตอร์นำเข้า แกงกะหรี่เนื้อวากิว และข้าวเหนียวมะม่วงแปะทองคำเปลว ทุกจานล้วนเป็นผลงานชิ้นเอกของการนำเสนอแบบสมัยใหม่

That evening, a renowned food critic, Charlie Sae-Tang, visited Krua. Sorn prepared his signature dishes—imported lobster tom yum, wagyu curry, and mango sticky rice adorned with edible gold leaf. Each plate was a masterpiece of modern presentation.

บทวิจารณ์ปรากฏในนิตยสารอาหารชั้นนำของประเทศไทย ซึ่งเขียนว่า "ทักษะของเชฟศรน่าประทับใจ และการจัดจานของเขาสมควรโชว์ในพิพิธภัณฑ์ แต่บางสิ่งที่สำคัญหายไป คือ ต้มยำขาดสมุนไพรที่ทำให้ซุปนี้มีเอกลักษณ์ แกงนั้นแม้จะสวยงามแต่ดูจืดชืด ขาดจิตวิญญาณของอาหารไทยแบบดั้งเดิม อาหารดูสมบูรณ์แบบแต่ไร้จิตวิญญาณ"

The review appeared in Thailand's leading food magazine: "Chef Sorn's skills are impressive, and his plating is worthy of a museum display. But something vital is missing—the tom yum lacks the herbs that define its essence, the curry, though visually stunning, feels bland and lifeless. The food is technically perfect but soulless."

คำวิจารณ์นั้นตามหลอกหลอนศร คืนนั้น เขาไม่ได้กลับบ้าน แต่กลับพบว่าตัวเองเดินมาที่ซอยสุขุมวิท 38 กลิ่นที่คุ้นเคยของเตาถ่าน กระทะร้อน และน้ำซุปเดือดๆลอยอยู่ในอากาศ เขาหยุดอยู่ที่ร้านก๋วยเตี๋ยวเรือของแม่ปราณี ซึ่งตอนนี้ตกทอดสู่ลูกสาวของเธอ กลิ่นหอมของน้ำซุปกระดูกหมู ผักบุ้ง และใบโหระพาทำให้เขานึกถึงตอนที่ช่วยคุณยายเตรียมเครื่องเทศสูตรลับ

The words haunted Sorn. That night, instead of going home, he found himself walking to Sukhumvit Soi 38. The familiar scent of charcoal stoves, sizzling woks, and simmering broth filled the air. He stopped at Auntie Pranee's boat noodle stall, now run by her daughter. The rich aroma of pork bone broth, morning glory, and holy basil brought back memories of helping his grandmother prepare her secret blend of spices.

"ชิมสิ" แม่ค้ากล่าวพร้อมส่งชามให้เขา น้ำซุปคำแรกทำให้เขารู้สึกเหมือนย้อนเวลากลับไปในวัยเด็ก รสชาติซับซ้อนแต่มีความสมดุลกันอย่างลงตัว ได้มาจากการทำอาหารด้วยสัญชาตญาณที่ผ่านประสบการณ์มานานหลายปีแทนการตวงวัด

"Taste it," the vendor said, handing him a bowl. The first sip of broth transported him back to childhood. The flavors were complex yet perfectly balanced—created not through precise measurements but through instinct, honed over years of experience.

สัปดาห์นั้น ศรตัดสินใจสองเรื่องสำคัญ เรื่องแรก เขาร่วมมือกับองค์กรชุมชนเพื่อหาพื้นที่ใหม่ให้พ่อค้าแม่ค้า จากนั้นเขาก็ออกแบบเมนูของเขาใหม่ทั้งหมด

That week, Sorn made two important decisions. First, he partnered with a community organization to find a new location for the displaced street vendors. Then, he completely redesigned his menu.

เขายังคงใช้เครื่องปรุงและรสชาติแบบดั้งเดิม แต่ใช้เทคนิคแบบฝรั่งเศสมาประยุกต์ สร้างสรรค์อาหารที่สืบทอดมรดกของอาหารข้างถนนไทย เมนูใหม่ของเขาผสมผสานความ

พิถีพิถันของอาหารระดับภัตตาคารเข้ากับจิตวิญญาณของ

ก๋วยเตี๋ยวเรือสูตรคุณยาย

He retained the authentic flavors and ingredients of traditional Thai cuisine but refined them with French culinary techniques, creating a menu that honored the legacy of Thai street food. His new dishes combined the precision of fine dining with the soul of his grandmother's boat noodles.

เมื่อลูกค้าถามถึงแรงบันดาลใจ ศรภูมิใจที่จะเล่าเรื่องภูมิ

ปัญญาด้านอาหารที่เขาได้พบในท้องถนนกรุงเทพฯ

โดยเฉพาะอย่างยิ่ง เรื่องราวของก๋วยเตี๋ยวเรือชื่อดังของ

คุณยายจากซอยสุขุมวิท 38

When customers asked about his inspiration, Sorn proudly shared the wisdom he had rediscovered in the streets of Bangkok—especially the story of his grandmother's famous boat noodles from Sukhumvit Soi 38.

ความลับของอาหารข้างถนน

ในครัวที่สะอาดและทันสมัยของร้านอาหารที่มีชื่อร้านว่า "ครัว" ซึ่งเชฟใหญ่ศร ทวิศักดิ์ กำกับทีมเชฟ ด้วยความที่แม่นยำของเขานั้นได้เรียนรู้มาจากสถาบันพอล โบคูส ไอน้ำลอยขึ้นจากหม้อสแตนเลสขณะที่เชฟผู้ช่วยกำลังเคี่ยวน้ำพริกเผาให้ได้ความเงางาม ทุกรสชาติได้รับการทดสอบอย่างพิถีพิถัน โดยมีรสหวาน, เปรี้ยว และเผ็ด ซึ่งทำให้ร้านของเขาได้รับดาวมิชลิน ระบบระบายอากาศที่ล้ำสมัยช่วยดูดกลิ่นออกไป เหลือไว้เพียงบรรยากาศที่ไร้ที่ติ

เสียงข้อความแจ้งเตือนจากคุณแม่ดังขึ้นขณะเขากำลังทำงาน ศรเปิดข้อความและเห็นวิดีโอของรถแทรกเตอร์เรียงรายตามซอยสุขุมวิท 38 พร้อมเขียนว่า "การฟื้นฟูเมือง" ข้อความที่มาจากคุณแม่ "แม้แต่แผงของแม่ปราณีที่ขายอาหารมาสามสิบปีต้องย้ายออก ถ้าคุณยายรู้ คงเสียใจมาก"

The Street Food Secret

In the pristine, state-of-the-art kitchen of Krua, Chef Sorn Thawisak led his team with precision honed at the prestigious Paul Bocuse Institute. Steam rose from stainless steel pots as sous-chefs carefully simmered chili paste to a glossy perfection. Every flavor was meticulously tested—balancing sweetness, acidity, and spice—earning the restaurant its Michelin star. An advanced ventilation system whisked away the aromas, leaving only an impeccable atmosphere.

A message notification from his mother interrupted his work. Sorn glanced at his phone and saw a video of bulldozers lining Sukhumvit Soi 38, captioned "Urban Renewal." His mother's message followed: "Even Auntie Pranee's stall, which has served food for thirty years, has to go. If your grandmother knew, she would be heartbroken."

นิ้วโป้งของศรค้างอยู่เหนือปุ่มลบ แผงก๋วยเตี๋ยวเรือของคุณยายเคยอยู่ในมุมที่ดีที่สุดของซอย 38 กลิ่นเครื่องเทศลับทั้งอบเชย โป๊ยกั๊ก และข่า หอมฟุ้งตั้งแต่ตีสี่ เขาใช้เวลายามเช้าช่วยคุณยายเคี่ยวกระดูกหมูจนน้ำซุปเป็นสีน้ำตาลเข้ม ดูคุณยายชิมแต่ละหม้อด้วยความมั่นใจโดยไม่ต้องใช้ช้อนตวงหรือจับเวลา แต่นั่นเป็นอดีต ก่อนที่เขาจะเรียนที่เลอกอร์ดอง เบลอ และฝึกงานที่ร้านระดับมิชลินทั่วยุโรป

"เชฟคะ" เสียงซูเชฟดึงเขากลับสู่ปัจจุบัน "นักวิจารณ์จากกูร์เมต์บางกอกมาค่ะ ที่โต๊ะเจ็ด"

ศรเก็บโทรศัพท์และเริ่มกำกับเมนูพิเศษ ต้มยำกุ้งล็อบสเตอร์ที่มาพร้อมควันมะกรูด แกงเขียวหวานเนื้อวากิวซูวีดประดับด้วยใบโหระพาจิ๋วและดอกไม้ที่กินได้ จัดวางตามรูปแบบเรขาคณิตที่ได้เรียนรู้จากเชฟขนมฝรั่งเศส ทุกจานออกจากครัวอย่างแม่นยำราวกับนาฬิกาสวิส

Sorn's thumb hovered over the delete button. His grandmother's boat noodle stall had once occupied the best corner of Soi 38, the air filled with the fragrance of her secret spice blend—cinnamon, star anise, galangal—since the early morning hours. He had spent his childhood helping her simmer pork bones until the broth turned deep brown, watching as she confidently tasted each pot, never using measuring spoons or timers. But that was the past—before he studied at Le Cordon Bleu and trained in Michelin-starred restaurants across Europe.

"Chef?" A sous-chef's voice pulled him back to the present. "A critic from Gourmet Bangkok is here, table seven."

Sorn pocketed his phone and focused on preparing his signature dishes: lobster tom yum infused with kaffir lime smoke, sous-vide wagyu green curry adorned with miniature basil leaves and edible flowers, plated with geometric precision learned from French pastry chefs. Each dish left the kitchen with the exactness of a Swiss timepiece.

บทวิจารณ์ที่ตีพิมพ์ในสัปดาห์ถัดมา ทำให้เขาหนักใจ:

"เทคนิคของเชฟศร ทวิศักดิ์ นั้นไร้ที่ติ ทุกจานคือผลงานชิ้น เอกของความแม่นยำและการจัดวาง แต่มีบางอย่างสูญ หายไป ทำให้ขาดจิตวิญญาณของอาหารไทย – การ ผสมผสานระหว่างสัญชาตญาณ, ประเพณี, และความใส่ใจ ที่เป็นหัวใจหลักของอาหาร – ถูกลดทอนลงจนเหลือเพียง อาหารที่ดูเหมือนชิ้นงานในพิพิธภัณฑ์มากกว่าอาหาร"

คำวิจารณ์นั้นยังคงวนเวียนในหัวของศร ขณะขับรถกลับ บ้านในคืนนั้น เขาพบว่าตัวเองเลี้ยวเข้าซอยสุขุมวิท 38 แทนที่เส้นทางปกติ พ่อค้าแม่ค้ายังคงอยู่ แสงไฟนีออนที่ คุ้นเคย กลิ่นอาหารข้างถนน เสียงกระทะกระทบเตา น้ำซุป เดือดในหม้อ เสียงตำพริกและกระเทียมในครก

เขาหยุดที่แผงของลูกสาวแม่ปราณี ซึ่งยังใช้รถเข็นเก่าๆคัน เดียวกับที่คุณยายเคยใช้ กลิ่นโป๊ยกั๊กและข่าโอบล้อมเขาไว้ โต๊ะพลาสติกเต็มไปด้วยลูกค้าหลากหลาย ตั้งแต่คนขับ แท็กซี่ พนักงานออฟฟิศ ไปจนถึงนักท่องเที่ยว ทุกคนก้ม หน้ากินอาหารจากชามน้ำซุปที่ยังร้อนระอุอยู่

The following week, the review was published—and it troubled him deeply: "Chef Sorn Thawisak's technique is flawless. Every dish is a masterpiece of precision and presentation. Yet something is missing. The soul of Thai cuisine—the instinct, the tradition, the care that forms its heart—has been diluted. What remains is food that looks like an exhibit in a museum rather than a meal."

The words lingered in his mind as he drove home that night. Without thinking, he turned onto Sukhumvit Soi 38 instead of his usual route. The street vendors were still there, neon lights casting familiar glows, the air thick with the sounds and scents of street food—clanging woks, bubbling broth, the rhythmic pounding of chilies and garlic in a mortar.

He stopped at Auntie Pranee's daughter's stall, where the same old cart his grandmother once used still stood. The scent of star anise and galangal enveloped him. The plastic tables were packed with people—taxi drivers, office workers, tourists—all hunched over steaming bowls of soup.

"หน้าเหมือนคุณยายตอนคิดหนักเลย" ลูกสาวแม่ปราณีเอ่ย ศรวางชามลงตรงหน้า น้ำซุปสีน้ำตาลเข้มที่เขาจำได้ตั้งแต่เด็ก หยดน้ำมันหมูเล็กๆ สะท้อนแสงไฟนีออนราวกับไข่มุก คำแรกที่เขาลิ้มรสทำให้บางสิ่งในตัวเขาแตกสลาย น้ำซุปที่บาลานซ์และสมบูรณ์แบบไม่ใช่จากการตวงวัด แต่มาจากสัญชาตญาณสูตรที่ถ่ายทอดผ่านรุ่นสู่รุ่น ปรับแต่งเพียงเล็กน้อยเพื่อความลงตัว

คืนนั้น ศรเริ่มร่างไอเดียในสมุดบันทึก เขาติดต่อองค์กรพัฒนาชุมชน เสนอให้สร้างโซนอาหารข้างถนนที่จัดสรรแทนที่ศูนย์อาหารที่ดูสะอาดสะอ้านแต่ขาดเสน่ห์ของวัฒนธรรมอาหารข้างถนนไปหมด และร่วมมือกับสมาคมผู้ค้าเพื่ออนุรักษ์พื้นที่และประเพณีของอาหาร

ในครัวของเขาเองก็เกิดการเปลี่ยนแปลง เขามาถึงร้านแต่เช้า เคี่ยวน้ำซุปแบบที่คุณยายเคยสอน ส่งเสริมให้ทีมชิมอาหารด้วยสัญชาตญาณควบคู่กับเทคนิค เมนูใหม่ของเขายังคงรสชาติดั้งเดิมของไทย แต่ใช้เทคนิคสมัยใหม่ในการนำเสนอ

"You look just like your grandmother when she was deep in thought," Auntie Pranee's daughter said. She placed a bowl in front of him—the same dark brown broth he remembered from childhood, shimmering with tiny drops of pork fat under the neon light.

The first sip broke something inside him. The perfectly balanced broth wasn't crafted through precise measurements but by instinct, refined over generations, adjusted slightly each time to reach harmony.

That night, Sorn began sketching ideas in his notebook. He reached out to a community development group, proposing a designated street food district instead of sterile food courts that erased the charm of Bangkok's culinary heritage. He worked with vendor associations to protect their spaces and traditions.

Change came to his own kitchen as well. He arrived earlier, simmering broth the way his grandmother had taught him. He encouraged his team to taste food by instinct, not just by technique. His new menu preserved the authentic flavors of Thai cuisine while incorporating modern presentation methods.

เมนูเด่นของเขาคือ "มรดกซอย 38" – ก๋วยเตี๋ยวเรือสูตร
คุณยาย ยกระดับด้วยเทคนิค แต่ไม่สูญเสียจิตวิญญาณ น้ำ
ซุปสีน้ำตาลขุ่น หยดน้ำมันหมูกระจัดกระจาย เสิร์ฟในชาม
เซรามิกทำมือ พร้อมกุ้งย่างและเส้นก๋วยเตี๋ยวทำเอง ทุก
ชามมาพร้อมการ์ดเล่าเรื่องประวัติของจาน และความ
พยายามอนุรักษ์วัฒนธรรมอาหารข้างถนนของกรุงเทพฯ

His signature dish became "Legacy of Soi 38"—his grandmother's boat noodles, refined with technique but never losing their soul. The rich, murky broth, glistening with pork fat, was served in handcrafted ceramic bowls, topped with grilled prawns and house-made noodles. Each dish came with a card telling its story—and the ongoing effort to preserve Bangkok's street food heritage.

พยาบาลเวรดึก

The Night Shift Nurse

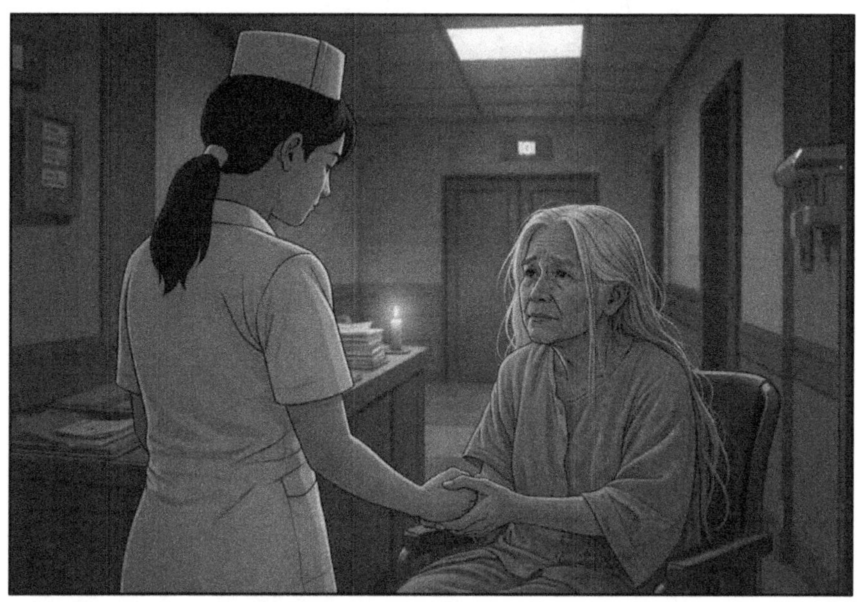

Hospitals are places of healing, but they are also places where people experience loss, grief, and deep emotions. In Thailand, many people believe that the spirit or วิญญาณ *win-yaan* (spirit) of someone who has died may remain nearby if they are worried about loved ones or have unfinished feelings. Because of this belief, it is common for people to light ธูป *tûup* (incense), offer prayers, or perform small acts of merit to help spirits find peace.

Thai Buddhist traditions often include สวดมนต์ *sùat-mon* (chanting prayers) and ทำบุญ *tam-bun* (making merit) to dedicate good deeds to the deceased. These rituals are believed to help spirits move on to a better state known as สุคติ *sùk-ká-dtì* (a fortunate rebirth or peaceful afterlife).

In this story, a kind nurse working the night shift encounters an elderly woman searching for her son in the hospital. What begins as a strange and frightening encounter becomes a moment of compassion that helps bring comfort to both the living and the dead.

Key Vocabulary

- o **พยาบาล** *pá-yaa-baan* — nurse

- o **เวรดึก** *ween-dùk* — night shift

- o **โรงพยาบาล** *roong-pá-yaa-baan* — hospital

- o **คนไข้** *kon-kâi* — patient

- o **ร้องไห้** *rɔ́ɔng-hâi* — to cry

- o **ลูกชาย** *lûuk-chaai* — son

- o **อุบัติเหตุ** *ù-bàt-dtì-hèet* — accident

- o **เสียชีวิต** *sĭa-chii-wít* — to die

- o **ห้อง** *hɔ̂ɔng* — room

- o **ประวัติ** *bprà-wàt* — record, history

- o **วิญญาณ** *win-yaan* — spirit

- **ห่วง** *hùang* — to worry about, be concerned for

- **สวดมนต์** *sùat-mon* — to chant prayers

- **ทำบุญ** *tam-bun* — to make merit

- **อุทิศส่วนกุศล** *ù-tít-sùan-gù-sŏn* — to dedicate merit

- **ธูป** *tûup* — incense sticks

- **เทียน** *tian* — candle

- **กลิ่น** *glìn* — smell, scent

- **แฟ้ม** *fέεm* — file, folder

- **ผู้ป่วยหนัก** *pûu-bpùai-nàk* — critically ill patient

- **ญาติ** *yâat* — relative

- **ให้อภัย** *hâi-à-pai* — to forgive

- **สงบ** *sà-ngòp* — peaceful

- **สุคติ** *sùk-ká-dtì* — a good rebirth, peaceful afterlife

- **ความสูญเสีย** *kwaam-sŭun-sĭa* — loss, tragedy

พยาบาล เวร ดึก

páyaabaan ween-dùk

The Night Shift Nurse

พิม เป็น พยาบาล เวร ดึก เธอ ไม่ กลัว ผี
และ ชอบ ช่วย คน อื่น

pim bpen páyaabaan ween-dùk. təə mâi glua pǐi lé chɔ̂ɔp chûai kon ùɯn.

Pim was a night-shift nurse. She wasn't afraid of ghosts and loved helping others.

คืน หนึ่ง เธอ เห็น คุณ
ยาย นั่ง ร้อง ไห้ ใน โรง พยาบาล คุณ
ยาย บอก ว่า หา ลูก ชาย ไม่ เจอ

kɯɯn nὼng, təə hěn kunyaai nâng rɔ́ɔng-hâi nai roong-páyaabaan. kunyaai bɔ̀ɔk wâa hǎa lûuk-chaai mâi jəə.

One night, she saw an elderly woman sitting in the hospital, crying. The woman told her that she couldn't find her son.

พิม ตกใจ มาก เพราะ รู้ ว่า ลูก ชาย ของ คุณ
ยาย เสีย ชีวิต จาก อุบัติเหตุ เมื่อ ห้า ปี ก่อน
และ คุณยาย ก็ เสีย ชีวิต ตาม ลูก ชาย ไป แล้ว

pim dtòk-jai mâak, prɔ́ rúu wâa lûuk-chaai kɔ̌ɔng kunyaai sǐa chiiwít jàak ùbàtdtihèet mʉ̂a hâa bpii gɔ̀ɔn, lɛ́ kunyaai gɔ̂ɔ sǐa chiiwít dtaam lûuk-chaai bpai lɛ́ɛo.

Pim was shocked—she knew that the woman's son had died in an accident five years ago. And the elderly woman herself had passed away not long after.

พิม ชวน คุณยาย สวด มนต์
และ บอก ว่า ลูก ชาย ของ คุณยาย เป็น คน ดี
ไม่ ใช่ ความ ผิด ของ เขา

pim chuan kunyaai sùat-mon, lɛ́ bɔ̀ɔk wâa lûuk-chaai kɔ̌ɔng kunyaai bpen kon dii, mâi châi kwaam-pìt kɔ̌ɔng kǎo.

Gently, Pim invited the woman to recite prayers with her and reassured her that her son was a good person, that it wasn't his fault.

คุณยาย ยิ้ม แล้ว ก็ หาย ไป พิม จึง จุด ธูป ให้ คุณ
ยาย ทุก คืน เพราะ เธอ เชื่อ ว่า แม่ ลูก ได้ เจอ กัน
แล้ว

kunyaai yím, lɛ́ɛo-gɔ̂ɔ hǎai bpai. pim jʉng jùt tûup hâi kunyaai túk kʉʉn, prɔ́ tɤɤ chʉ̂a wâa mɛ̂ɛ-lûuk dâi jɤɤ gan lɛ́ɛo.

The elderly woman smiled—and then vanished. From that night on, Pim lit incense for her every evening, believing that mother and son had finally reunited.

A2

พยาบาลเวรดึก

páyaabaan ween-dùk

The Night Shift Nurse

พิมทำงานเป็นพยาบาลกะดึกที่โรงพยาบาลแห่งหนึ่งในกรุงเทพฯ เธอไม่กลัวผีและชอบช่วยคนไข้

pim tam ngaan bpen páyaabaan gà-dùk tîi roong-páyaabaan hèng nùng nai grungtêep. təə mâi glua pǐi lé chɔ̂ɔp chûai kon-kâi.

Pim worked the night shift as a nurse at a hospital in Bangkok. She wasn't afraid of ghosts and loved helping her patients.

คืนหนึ่ง เธอเห็นคุณยายคนหนึ่งนั่งร้องไห้อยู่ในห้องว่าง คุณยายใส่ชุดคนไข้เก่าๆและดูเศร้ามาก

kʉʉn nùng, təə hěn kunyaai kon nùng nâng rɔ́ɔng-hâi yùu nai hɔ̂ɔng wâang. kunyaai sài chút kon-kâi gào-gào lé duu sâo mâak.

One night, she saw an elderly woman sitting alone in an empty room, crying. The woman wore an old hospital gown and looked deeply sorrowful.

"คุณยายคะ หนูช่วยอะไรได้ไหม" พิมถาม

"kunyaai ká, nǔu chûai àrai dâi mǎi?" pim tǎam.

"Grandma, can I help you?" Pim asked gently.

"ฉันหาลูกชายไม่เจอ" คุณยายตอบเสียงสั่น "เขาอยู่ห้อง 502 แต่ฉันไปแล้วไม่เห็นเขา"

"chǎn hǎa lûuk-chaai mâi jəə" kunyaai dtɔ̀ɔp sǐang-sàn. "kǎo yùu hɔ̂ɔng hâa-sǔun-sɔ̌ɔng, dtɛ̀ɛ chǎn bpai lɛ́ɛo mâi hěn kǎo."

"I can't find my son," the elderly woman replied, her voice trembling. "He's in room 502, but when I went there, he wasn't there."

พิมแปลกใจ เพราะห้อง 502 ปิดไปนานแล้ว หลังจากเกิดอุบัติเหตุใหญ่

pim bplɛ̀ɛk-jai, prɔ́ hɔ̂ɔng hâa-sǔun-sɔ̌ɔng bpìt bpai naan lɛ́ɛo lǎng jàak gàat ùbàtdtìhèet yài.

Pim was puzzled—room 502 had been closed for years following a major accident.

เธอพาคุณยายไปที่ห้องพยาบาล ค้นประวัติเก่า และพบว่าเมื่อห้าปีก่อน มีคุณยายคนหนึ่งเสียชีวิตที่โรงพยาบาลนี้ หลังจากรอลูกชายที่ประสบอุบัติเหตุ

təə paa kunyaai bpai tîi hɔ̂ɔng-páyaabaan, kón bpràwàt gào, lɛ́ póp wâa mûa hâa bpii gɔ̀ɔn mii kunyaai kon nùng sǐa chiiwít tîi roong-páyaabaan níi lǎng jàak rɔɔ lûuk-chaai tîi bpràsòp ùbàtdtìhèet.

She led the elderly woman to the nurse's station, searched through old records, and discovered that five years ago, a woman had passed away in the hospital after waiting for her son, who had died in an accident.

พิมเข้าใจแล้วว่าคุณยายเป็นวิญญาณที่ยังห่วงลูก เธอจึงชวนคุณยายสวดมนต์ และบอกว่าลูกชายไปสู่ สุคติแล้ว

pim kâo-jai lɛ́ɛo wâa kunyaai bpen winyaan tîi yang hùang lûuk. təə jɨng chuan kunyaai sùat-mon, lɛ́ bɔ̀ɔk wâa lûuk-chaai bpai sùu sùkádtì lɛ́ɛo.

Pim realized that the woman before her was a lingering spirit, unable to let go of her son. She softly invited the elderly woman to pray with her and reassured her that her son had already moved on to a better place.

คุณยายยิ้ม น้ำตาไหล และค่อยๆ หายไป พิมรู้สึก อบอุ่นใจ เธอจุดธูปและสวดมนต์ให้คุณยายทุกคืน

kunyaai yím, náam-dtaa lǎi, lɛ́ kɔ̂ɔi-kɔ̂ɔi hǎai bpai. pim rúusɨk òp-ùn-jai. təə jùt-tûup lɛ́ sùat-mon hâi kunyaai túk kɨɨn.

The woman smiled, tears streaming down her face, and slowly faded away. Pim felt warmth in her heart. From that night on, she lit incense and prayed for the elderly woman every evening.

พยาบาลเวรดึก
The Night Shift Nurse

พิมเป็นพยาบาลเวรดึกที่โรงพยาบาลเอกชนแห่งหนึ่งย่าน รามคำแหง เพื่อนร่วมงานหลายคนไม่ชอบเข้าเวรกลางคืน เพราะเคยได้ยินเรื่องแปลกๆแต่พิมไม่กลัว เธอเชื่อว่าถ้าเรา ทำดี ผีก็ไม่ทำร้าย

Pim was a night-shift nurse at a private hospital in the Ramkhamhaeng area. Many of her colleagues disliked working night shifts because of the strange stories they had heard, but Pim wasn't afraid. She believed that as long as she did good, no spirit would harm her.

"ชั้น 5 เคยเป็นห้องผู้ป่วยหนัก แต่ปิดไปหลังอุบัติเหตุใหญ่ เมื่อห้าปีก่อน" หัวหน้าพยาบาลเล่าให้พิมฟังตอนเธอเพิ่งเข้า มาทำงาน "วันนั้นมีรถบัสคว่ำ คนเจ็บเข้ามาเต็มชั้น แต่ช่วย ไว้ได้ไม่กี่คน"

"The fifth floor used to be the intensive care unit, but it was shut down after a major accident five years ago," the head nurse told Pim when she first started working. "That day, a bus overturned, and the floor was packed with injured passengers. Unfortunately, only a few survived."

คืนหนึ่ง ขณะที่พิมเดินตรวจคนไข้ เธอได้ยินเสียงร้องไห้มา จากมุมมืดของตึกเก่า เธอเห็นคุณยายคนหนึ่งนั่งอยู่บน เก้าอี้พลาสติก สวมชุดคนไข้สีฟ้าซีด ผมขาวยาวสยาย

One night, as Pim was making her rounds, she heard the sound of someone crying from a dark corner of the old wing. She turned and saw an elderly woman sitting on a plastic chair, wearing a faded blue hospital gown. Her long, white hair flowed down her shoulders.

"คุณยายคะ ดึกแล้วนะ ญาติคนไข้กลับบ้านกันหมดแล้ว" พิมพูดเบาๆ

"Grandma, it's late. All the patients' relatives have already gone home," Pim said softly.

คุณยายเงยหน้าขึ้น น้ำตาไหลอาบแก้ม "หมอบอกว่าลูกชาย ฉันอยู่ห้อง 502 แต่ฉันหาเขาไม่เจอ เขาชื่อมนัส ช่วยพาฉัน ไปหาเขาหน่อยได้ไหม"

The old woman slowly lifted her face, tears streaming down her cheeks. "The doctor said my son is in room 502, but I can't find him. His name is Manas. Can you help me look for him?"

พิมรู้สึกเย็นวาบที่สันหลัง ห้อง 502 ปิดตายมานานแล้ว หลังจากอุบัติเหตุครั้งนั้น เธอพยายามคุมสติ และชวนคุณยายไปที่ห้องพยาบาล

A chill ran down Pim's spine—room 502 had been sealed off for years after the accident. She steadied herself and gently invited the woman to the nurse's station.

ระหว่างเดินไป คุณยายเล่าว่าลูกชายเป็นคนขับรถบัส วันนั้นเขาพยายามหักหลบรถกระบะที่ขับปาดหน้า รถเลยคว่ำ "ฉันรีบมาที่โรงพยาบาลทันที แต่หาเขาไม่เจอ... หาไม่เจอ ..."

As they walked, the elderly woman told her story. Her son had been the bus driver that day. He had swerved to avoid a reckless pickup truck that cut in front of him, causing the bus to overturn. "I rushed to the hospital as soon as I heard... but I never found him... never found him..."

พิมเปิดแฟ้มประวัติเก่า พบว่าคืนเกิดเหตุ มีคุณยายชื่อทองสุข แม่ของคนขับรถบัส มานั่งรอลูกชายที่โรงพยาบาลสามวันสามคืน จนป่วยหนักและเสียชีวิต ส่วนมนัส ลูกชายของคุณยาย เสียชีวิตในห้อง 502 ตั้งแต่คืนแรก

At the nurse's station, Pim searched through the old records. She found that on the night of the accident, a woman named Thongsuk—the mother of the bus driver—had waited in the hospital for three days and nights, hoping to see her son. She eventually fell ill and passed away. Meanwhile, Manas, her son, had died in room 502 on the first night.

"คุณยายคะ" พิมพูดเบาๆ "มนัสไปสบายแล้วค่ะ เขาคงไม่อยากเห็นคุณยายมานั่งห่วงแบบนี้"

"Grandma," Pim spoke gently, "Manas has already found peace. He wouldn't want you to stay here, worrying like this."

คุณยายนิ่งไป ก่อนพูดเสียงสั่น "ฉันแค่อยากบอกว่าฉันให้อภัยเขาแล้ว ไม่ใช่ความผิดของลูก ฉันอยากให้เขาไปสงบ ..."

The elderly woman was silent for a long moment before whispering, "I just wanted to tell him that I forgive him. It wasn't his fault. I want him to rest in peace..."

พิมจุดธูปและชวนคุณยายสวดมนต์ ทำบุญอุทิศส่วนกุศลให้มนัส คุณยายสวดตามเบาๆรอยยิ้มผุดขึ้นบนใบหน้า ก่อนร่างจะค่อยๆจางหายไปในความมืด

Pim lit incense and led the woman in prayer, dedicating merit to Manas. The elderly woman murmured along, her lips curling into a faint smile. Slowly, her figure faded into the darkness.

หลังจากคืนนั้น พิมมักได้กลิ่นธูปหอมที่ชั้น 5 และรู้สึกถึง ความอบอุ่นแปลกๆ เหมือนมีใครคอยดูแล เธอเชื่อว่าคุณ ยายและมนัสคงได้พบกันและไปสู่สุคติแล้ว

From that night on, Pim often smelled the faint scent of incense on the fifth floor and felt a strange warmth, as if someone was watching over her. She believed that the mother and son had finally reunited—and moved on to a better place.

พยาบาลเวรดึก

เข็มนาฬิกาเดินช้าลงทุกทีในยามดึก เสียงรองเท้าพยาบาลกระทบพื้นดังก้องไปตามระเบียงอันเงียบสงัด พิมเดินตรวจตราผู้ป่วยตามหน้าที่ ลมเย็นๆ พัดแผ่วเบา กลิ่นยาฆ่าเชื้อเจือจางอยู่ในอากาศ

"พี่พิมเป็นคนเดียวที่กล้าเดินตรวจชั้น 5 คนเดียวเลยนะคะ" น้องพยาบาลฝึกงานเอ่ยขึ้นระหว่างส่งเวร "หนูได้ยินว่าที่นี่เคยเกิดอุบัติเหตุใหญ่"

พิมยิ้มบางๆเธอได้ยินเรื่องเล่าของชั้น 5 มานับครั้งไม่ถ้วน เช่น เสียงคนร้องไห้ยามเที่ยงคืน เงาร่างในชุดคนไข้เดินวนเวียน และกลิ่นธูปที่โชยมาเป็นครั้งคราว แต่เธอไม่เคยกลัว

"ถ้าเราทำดี ผีก็ไม่ทำร้ายหรอกจ้ะ" พิมตอบพลางจัดยาให้ผู้ป่วย "แล้วอีกอย่าง ถ้าเขามาหา ก็แปลว่าเขาต้องการความช่วยเหลือ"

The Night Shift Nurse

The clock's hands seemed to slow as the night deepened. The sound of a nurse's shoes echoed down the silent hospital corridor. Pim made her rounds, checking on patients as a cool draft drifted through the halls, carrying the faint scent of antiseptic.

"You're the only one brave enough to do night rounds on the fifth floor alone, P'Pim," a trainee nurse remarked during shift handover. "I heard there was a terrible accident here before."

Pim gave a small smile. She had heard the stories of the fifth floor countless times—midnight sobbing, shadowy figures in hospital gowns, and the occasional whiff of incense. But she was never afraid.

"If we do good, spirits won't harm us," she said as she arranged a patient's medication. "And if they come to us, it only means they need help."

ห้าปีก่อน โรงพยาบาลแห่งนี้รับผู้ป่วยจากอุบัติเหตุรถบัส
คว่ำครั้งใหญ่ รถรับส่งพนักงานเสียหลักหลังจากพยายาม
หักหลบรถกระบะที่ปาดหน้า ทำให้มีผู้เสียชีวิตและบาดเจ็บ
จำนวนมาก ในตอนนั้น ชั้น 5 ซึ่งเป็นหอผู้ป่วยหนักเต็มไป
ด้วยเสียงคร่ำครวญและความสูญเสีย

คืนนี้อากาศเย็นกว่าปกติ พิมรู้สึกได้ถึงความเงียบที่ผิด
แปลกไป ราวกับเสียงเครื่องปรับอากาศและเครื่องมือ
แพทย์เบาลงกว่าเดิม ท่ามกลางความเงียบงันนั้น เสียง
สะอื้นแผ่วเบาลอยมาตามลม

ที่มุมมืดของระเบียง ใต้แสงไฟนีออนที่กะพริบเป็นจังหวะ มี
ร่างของคุณยายคนหนึ่งนั่งอยู่บนเก้าอี้พลาสติกสีฟ้า สวม
ชุดคนไข้เก่าซีดจาง ผมขาวยาวสยายปรกบ่า มือเหี่ยวย่นกำ
ผ้าเช็ดหน้าลายดอกไม้แน่น

"คุณยายคะ" พิมเอ่ยเบาๆ พลางย่อตัวลงนั่งข้างๆ "ดึกแล้ว
นะคะ มีอะไรให้หนูช่วยไหมคะ"

Five years ago, the hospital had received victims from a catastrophic bus accident. A commuter bus lost control while trying to avoid a reckless pickup truck, resulting in numerous casualties and injuries. Back then, the fifth floor—once the ICU—was filled with cries of pain and loss.

Tonight felt colder than usual. The silence was eerie, as though the usual hum of air conditioning and medical equipment had faded into the background. Then, through the stillness, a soft, trembling sob floated through the air.

In the dimly lit corridor, beneath the flickering neon light, an elderly woman sat hunched on a faded blue plastic chair. She wore an old, pale hospital gown, and her long white hair cascaded over her shoulders. Her frail hands clutched a floral handkerchief tightly.

"Grandma," Pim called softly, kneeling beside her. "It's late. Is there something I can help you with?"

คุณยายเงยหน้าขึ้นช้าๆ ดวงตาแดงก่ำด้วยน้ำตา "ฉันหาลูก ชายไม่เจอ... หมอบอกว่าเขาอยู่ห้อง 502 แต่ฉันหาไม่พบ เขาชื่อมนัส... มนัส สุขเกษม"

ความเย็นวาบแล่นผ่านแผ่นหลังพิม ห้อง 502 ถูกปิดตาย มาห้าปีแล้ว หลังจากคืนเกิดเหตุ ไม่มีใครกล้าใช้ห้องนั้นอีก

"มาค่ะ คุณยาย ไปห้องพยาบาลกันก่อน" พิมประคองคุณ ยายลุกขึ้น มือของคุณยายเย็นเฉียบผิดธรรมชาติ

ระหว่างเดิน คุณยายเล่าเรื่องราว น้ำเสียงสั่นเครือ "มนัส เป็นคนขับรถบัส เขาเป็นคนดี ตั้งใจทำงาน ส่งเงินให้แม่ทุก เดือน วันนั้นเขาพยายามช่วยผู้โดยสาร พยายามหักหลบรถ ที่ขับปาดหน้ารถบัส ฉันก็รีบมาทันทีที่รู้ข่าว แต่หาเขาไม่ เจอ... หาไม่เจอ..."

ที่ห้องพยาบาล พิมค้นดูแฟ้มประวัติเก่า ภาพถ่ายขาวดำทำ ให้เธอชะงัก คุณยายในภาพสวมชุดไทยสีดำ นั่งอยู่บนเก้าอี้ พลาสติกสีฟ้าตัวเดิม สีหน้าเศร้าหมองไม่ต่างจากที่เธอเพิ่ง เห็น

The old woman lifted her face slowly, her tear-streaked eyes filled with sorrow. "I can't find my son... The doctor said he's in Room 502, but I can't find him. His name is Manas... Manas Sukgasem."

A chill ran down Pim's spine. Room 502 had been sealed off for five years—since the night of the accident. No one had dared to use it since.

"Come with me, Grandma. Let's go to the nurse's station first," Pim said, gently helping her up. The old woman's hands were ice-cold.

As they walked, the woman spoke in a trembling voice. "Manas was a good man. He worked hard and sent money home every month. That day, he tried to save his passengers. He swerved to avoid another car. I rushed to the hospital as soon as I heard... but I never found him... never found him..."

At the nurse's station, Pim searched through old records. She stopped when she saw a black-and-white photograph. The elderly woman in the picture wore a black mourning dress, sitting on the same blue plastic chair, her face filled with the same sorrowful expression Pim had just witnessed.

บันทึกระบุว่า คุณทองสุข สุขเกษม แม่ของนายมนัส คนขับรถบัส มานั่งเฝ้าที่โรงพยาบาลสามวันสามคืน ไม่ยอมกลับบ้าน แม้จะรู้ว่าลูกชายเสียชีวิตตั้งแต่คืนแรก จนในที่สุดคุณยายก็ล้มป่วยด้วยโรคหัวใจกำเริบและเสียชีวิตในอีกสองสัปดาห์ต่อมา

“คุณยายคะ” พิมหันไปหาร่างที่นั่งข้างๆน้ำตาคลอ “มนัสเขาเป็นคนดี เขาพยายามช่วยผู้โดยสารจนวินาทีสุดท้าย ไม่ใช่ความผิดของเขาเลย”

คุณยายนิ่งไปครู่ใหญ่ ก่อนเอ่ยเสียงสั่น “ฉันรู้...ฉันแค่อยากบอกเขาว่า แม่ให้อภัย อย่าคิดมากไปสบายๆนะลูก”

พิมลุกไปที่หิ้งพระ จุดธูปและเทียน “มาค่ะ คุณยาย มาสวดมนต์ด้วยกัน แล้วอุทิศส่วนกุศลให้พี่มนัส”

เสียงสวดมนต์แผ่วเบาดังขึ้นในความมืด กลิ่นธูปหอมลอยอบอวล พิมรู้สึกถึงไออุ่นที่แผ่กระจายในอากาศ และเหมือนได้ยินเสียงกระซิบ “แม่ครับ... ผมขอโทษ”

The records revealed that a woman named Thongsuk Sukgasem, the mother of Manas, had waited in the hospital for three days and nights, refusing to leave even after learning her son had died on the first night. Eventually, she collapsed from heart failure and passed away two weeks later.

"Grandma," Pim said, tears welling in her eyes. "Manas was a good man. He tried to save his passengers until the very last moment. It wasn't his fault."

The old woman was silent for a long time before whispering, "I know... I just wanted to tell him that I forgive him. That he shouldn't blame himself. I want him to find peace..."

Pim got up and went to the spirit shelf, lit incense and candles.

"Come, Grandma, let's chant together and dedicate the merit to P'Manat."

คุณยายยิ้มทั้งน้ำตา "ไม่เป็นไรลูก ไปดีๆนะ เดี๋ยวแม่ตามไป" รอยยิ้มยังคงอยู่บนใบหน้า ขณะที่ร่างค่อยๆ จางหายไปใน ความมืด พร้อมกับกลิ่นดอกลั่นทมที่โชยมาเพียงชั่วครู่

หลังจากคืนนั้น พยาบาลกะดึกมักได้กลิ่นธูปหอมในชั้น 5 บ้างก็เล่าว่าเห็นเงาร่างคุณยายในชุดไทยสีดำเดิน ตามหลังพิม ราวกับคอยปกป้องดูแล

พิมยังคงทำงานกะดึกเหมือนเดิม แต่ทุกครั้งที่เดินผ่านชั้น 5 เธอจะสวดมนต์สั้นๆ และวางดอกไม้ที่โต๊ะพยาบาล เพื่อ รำลึกถึงความรักอันยิ่งใหญ่ของแม่ที่มีต่อลูก

"บางที โรงพยาบาลก็ไม่ได้มีแค่คนเป็นที่ต้องการการดูแล นะคะ" พิมบอกกับน้องพยาบาลใหม่ "บางครั้ง คนที่จากไป แล้ว ก็ยังต้องการใครสักคนที่รับฟัง เข้าใจ และให้อภัย"

As the scent of incense lingered in the air, Pim felt a strange warmth around her—and in that fleeting moment, she thought she heard a faint whisper. "Mother... I'm sorry."

The old woman smiled through her tears. "It's all right, my son. Go in peace. I will follow soon." Her smile remained as her figure gently dissolved into the night, leaving behind only the fleeting fragrance of frangipani flowers.

From that night on, nurses working the night shift often reported smelling incense on the fifth floor. Some claimed to see an elderly woman in a black mourning dress following Pim, as if watching over her.

Pim continued her night shifts as usual, but each time she passed the fifth floor, she would whisper a short prayer and leave flowers at the nurse's station—a tribute to a mother's undying love for her son.

"Sometimes, hospitals don't only care for the living," Pim told a new trainee one night. "Sometimes, those who have passed still need someone to listen, to understand, and to forgive."

ทุกวันขึ้น 15 ค่ำ พิมจัดพิธีทำบุญเล็กๆที่โรงพยาบาล เชิญ
ชวนเพื่อนพยาบาลมาสวดมนต์และแผ่เมตตาให้กับ
วิญญาณที่ยังวนเวียน หวังว่าพวกเขาจะได้พบหนทางสู่สุคติ

เรื่องราวของ คุณยายทองสุขและมนัส กลายเป็นตำนาน
ของโรงพยาบาล เตือนใจให้ทุกคนระลึกว่า ความตายอาจ
พรากร่างกายไป แต่ความรักและความห่วงใยไม่เคยจาง
หาย

On the full moon of every month, Pim organized a small merit-making ceremony at the hospital, inviting her colleagues to chant prayers and send blessings to wandering spirits, hoping they would find their way to peace.

The story of Grandma Thongsuk and Manas became a hospital legend—a reminder that while death may take the body, love and longing never truly fade.

เพลงของหัวใจ
วินมอเตอร์ไซค์
Song of the Motorcycle Taxi

In Bangkok, one of the most recognizable sights on busy streets is the **วินมอเตอร์ไซค์** *win-mɔɔ-dtəə-sai* (motorcycle taxi) stand. Drivers wearing bright orange vests weave through traffic, helping passengers move quickly through the city's crowded streets and narrow **ซอย** *sɔɔi* (side streets or alleys). For many drivers, this job is not only a way to earn a living but also a way to support families and communities.

At the same time, Thailand has a long and rich tradition of classical music. Instruments such as the **ซอด้วง** *sɔɔ-dûang* (Thai two-string fiddle) are part of traditional ensembles that have been performed for centuries. These instruments can produce expressive sounds that resemble the human voice, sometimes joyful and sometimes sad.

In this story, a motorcycle taxi driver who plays traditional music at night discovers that the sounds of the modern city, engines, traffic, and daily life, can blend with traditional melodies. By combining the rhythm of Bangkok with Thai musical traditions, he creates a new kind of music that reflects both the past and the present.

Key Vocabulary

- ขับ *kàp* — to drive

- วินมอเตอร์ไซค์ *win-mɔɔ-dtəə-sai* — motorcycle taxi

- ตอนกลางวัน *dtɔɔn-glaang-wan* — during the daytime

- ตอนเย็น *dtɔɔn-yen* — in the evening

- ดนตรีไทย *don-dtrii-tai* — Thai traditional music

- เครื่องดนตรี *krûang-don-dtrii* — musical instrument

- ซอด้วง *sɔɔ-dûang* — Thai two-string fiddle

- เล่นดนตรี *lên-don-dtrii* — to play music

- วงดนตรี *wong-don-dtrii* — music band

- ○ **แสดง** *sà-dɛɛng* — to perform

- ○ **สไตล์** *sà-dtai* — style

- ○ **ทันสมัย** *tan-sà-măi* — modern

- ○ **แต่งเพลง** *dtèng-pleeng* — to compose a song

- ○ **เสียง** *sĭang* — sound

- ○ **เครื่องยนต์** *krûang-yon* — engine

- ○ **จังหวะ** *jang-wà* — rhythm

- ○ **ผสม** *pà-sŏm* — to combine, mix

- ○ **เอกลักษณ์** *èek-gà-lák* — uniqueness, distinctive character

- ○ **ชีวิตจริง** *chii-wít-jing* — real life

- ○ **ตัวตน** *dtua-dton* — identity, true self

- ○ **สร้างสรรค์** *sâang-săn* — to create

- ○ **ประทับใจ** *bprà-táp-jai* — to be impressed

- ○ **คอนเสิร์ต** *kɔɔn-sàat* — concert

- ○ **ผู้โดยสาร** *pûu-dooi-săan* — passenger

- ○ **ครอบครัว** *krɔ̂ɔp-krua* — family

เพลง ของ หัวใจ วิน มอเตอร์ไซค์

pleeng kɔ̌ɔng hǔa-jai win-mɔɔdtəəsai

Song of the Motorcycle Taxi

ตั้ม ขับ วิน มอเตอร์ไซค์ ตอน กลาง วัน
ตอน เย็น เขา เล่น ดนตรี ไทย ที่ ร้าน อาหาร

dtâm kàp win-mɔɔdtəəsai dtɔɔn glaang-wan. dtɔɔn yen, kǎo lên dondtrii tai tîi ráan-aahǎan.

Tum drives a motorcycle taxi during the day. In the evening, he plays traditional Thai music at a restaurant.

วัน หนึ่ง วง ดนตรี ดัง มา ฟัง เขา เล่น
พวก เขา ชอบ มาก และ ชวน ตั้ม มา เล่น ด้วย
แต่ ตั้ม ไม่ กล้า บอก ว่า เขา ขับ วิน

wan nùng, wong dondtrii dang maa fang kǎo lên. pûak-kǎo chɔ̂ɔp mâak, lɛ́ chuan dtâm maa lên dûai. dtɛ̀ɛ dtâm mâi glâa bɔ̀ɔk wâa kǎo kàp win.

One day, a famous band came to listen to him perform. They loved his music and invited him to join them. But Tum was too shy to admit that he worked as a motorcycle taxi driver.

วง ดนตรี อยาก ให้ ตั้ม เปลี่ยน สไตล์ การ เล่น ดนต
รี แต่ ตั้ม ไม่ ชอบ

wong dondtrii yàak hâi dtâm bplìan sàdtai gaan-lên dondtrii, dtɛ̀ɛ dtâm mâi chɔ̂ɔp.

The band wanted Tum to change his playing style, but he didn't like their idea.

ตั้ม เลย แต่ง เพลง ใหม่
เขา เอา เสียง มอเตอร์ไซค์ มา ผสม กับ ดนตรี ไทย

ทุก คน ชอบ มาก

dtâm ləəi dtèng pleeng mài. kǎo ao sǐang mɔɔdtəəsai maa pà-sǒm gàp dondtrii tai. túk kon chɔ̂ɔp mâak.

Instead, Tum composed a new song. He blended the sound of a motorcycle engine with traditional Thai music. Everyone loved it.

วง ดนตรี ชื่นชม ที่ ตั้ม เป็น ตัว ของ ตัว เอง

และ ชวน เขา ไป เล่น คอนเสิร์ต

wong dondtrii chɨ̂ɨn-chom tîi dtâm bpen dtua-kɔ̌ɔng dtua-eeng, lɛ́ chuan kǎo bpai lên kɔɔnsə̀ət.

The band admired Tum for staying true to himself and invited him to perform at their concert.

เพลงของหัวใจวินมอเตอร์ไซค์

pleeng kɔ̌ɔng hǔa-jai win-mɔɔdtəəsai

Song of the Motorcycle Taxi

ตั้มขับวินมอเตอร์ไซค์ในกรุงเทพฯ ทุกเช้าเขาสวม
เสื้อวินสีส้มและรับส่งผู้โดยสาร แต่ตอนเย็น เขาเป็น
นักดนตรีไทย เล่นซอด้วงที่ร้านอาหารเล็กๆ

*dtâm kàp win mɔɔdtəəsai nai grungtêep. túk cháao, kǎo sǔam sûa-
win sǐi-sôm, lɛ́ ráp sòng pûu-dooisǎan. dtɛ̀ɛ dtɔɔn yen, kǎo bpen nák-
dondtrii tai,   lên sɔɔ-dûang tîi ráan aahǎan lék-lék.*

Tum drives a motorcycle taxi in Bangkok. Every
morning, he puts on his orange vest and takes
passengers around the city. But in the evening, he
transforms into a Thai musician, playing the saw
duang at a small restaurant.

วันหนึ่ง วงดนตรีดังมาฟังเขาเล่น พวกเขาชอบมาก
และชวนตั้มไปแสดงด้วย แต่ตั้มไม่กล้าบอกว่าเขา
ขับวิน กลัวว่าพวกเขาจะไม่ยอมรับ

*wan nùng, wong dondtrii dang maa fang kǎo lên. pûak-kǎo chɔ̂ɔp
mâak lɛ́ chuan dtâm bpai sàdɛɛng dûai. dtɛ̀ɛ dtâm mâi glâa bɔ̀ɔk
wâa kǎo kàp win, glua wâa pûak-kǎo jà mâi yɔɔm-ráp.*

One day, a famous band came to hear him play. They loved his music and invited him to perform with them. But Tum was too afraid to tell them he was a motorcycle taxi driver, fearing they wouldn't accept him.

วงดนตรีอยากให้ตั้มเปลี่ยนสไตล์การเล่นซอด้วงให้ทันสมัยขึ้น แต่ตั้มรู้สึกว่านั่นไม่ใช่ตัวเขา

wong dondtrii yàak hâi dtâm bplìan sàdtaai gaan-lên sɔɔ-dûang hâi tan-sàmai kûn, dtɛ̀ɛ dtâm rúusʉ̀k wâa nân mâi châi dtua-kǎo.

The band wanted Tum to modernize his saw duang playing style, but he felt that wasn't true to who he was.

เขานึกถึงเสียงเครื่องยนต์มอเตอร์ไซค์กับจังหวะดนตรีไทย วันหนึ่งเขาจึงแต่งเพลงที่ผสมทั้งสองอย่างเข้าด้วยกัน

kǎo nʉ́k-tʉ̌ng sǐang krʉ̂ang-yon mɔɔdtəəsai gàp jangwà dondtrii tai. wan nʉ̀ng, kǎo jʉng dtɛ̀ng pleeng tîi pàsǒm táng-sɔ̌ɔng yàang kâo dûai-gan.

He thought about the sound of motorcycle engines and the rhythm of traditional Thai music. One day, he composed a song blending both elements.

พอเล่นเพลงนี้ให้วงดนตรีฟัง ทุกคนประทับใจมาก ตั้มเลยกล้าบอกว่าเขาขับวิน และเล่าว่าเพลงนี้มา จากชีวิตจริงของเขา

pɔɔ lên pleeng níi hâi wong dondtrii fang, túk kon bpràtáp-jai mâak. dtâm ləəi glâa bɔ̀ɔk wâa kǎo kàp win, lé lâo wâa pleeng níi maa jàak chiiwít jing kɔ̌ɔng kǎo.

When he played this song for the band, everyone was very impressed. Tum then felt confident enough to say that he works as a motorcycle taxi driver and explained that the song comes from his real-life experiences.

วงดนตรีชื่นชมที่ตั้มเป็นตัวของตัวเอง และชวนเขา ไปร่วมคอนเสิร์ตใหญ่ ตั้มดีใจมากที่ได้เป็นทั้ง คนขับวินและนักดนตรีไทย

wong dondtrii chɯ̂ɯn-chom tîi dtâm bpen dtua-kɔ̌ɔng dtua-eeng, lé chuan kǎo bpai rûam kɔɔnsàat yài. dtâm dii-jai mâak tîi dâi bpen táng kon-kàp win lé nák dondtrii tai.

The band admired Tum for staying true to himself and invited him to perform at a major concert. Tum was overjoyed to embrace both his identities—as a motorcycle taxi driver and a Thai musician.

เพลงของหัวใจวินมอเตอร์ไซค์
Song of the Motorcycle Taxi

ตั้มเป็นวินมอเตอร์ไซค์ที่มีความฝัน ทุกเช้าเขาสวมเสื้อวินสี
ส้มสะท้อนแสง รับส่งผู้โดยสารไปตามซอกซอยของ
กรุงเทพฯ แต่พอตกเย็น เขากลายเป็นนักดนตรีไทย เล่นซอ
ด้วงที่ร้านอาหารเก่าแก่ในเยาวราช

Tum was a motorcycle taxi driver with a dream. Every morning, he put on his bright orange vest and weaved through the narrow alleys of Bangkok, ferrying passengers to their destinations. But by evening, he transformed into a Thai musician, playing the saw duang at an old restaurant in Yaowarat.

ตั้มรักดนตรีไทยมาตั้งแต่เด็ก เขาเรียนซอด้วงจากพ่อที่เป็น
ครูดนตรี แม้ว่าจะต้องขับวินเพื่อหาเลี้ยงครอบครัว แต่เขา
ไม่เคยทิ้งเสียงดนตรี

Tum had loved Thai music since childhood. He learned to play the saw duang from his father, who was a music teacher. Even though he had to drive a motorcycle taxi to support his family, he never abandoned his passion for music.

“เสียงซอด้วงเหมือนเสียงคนร้องไห้บ้าง หัวเราะบ้าง มันเล่า
เรื่องชีวิตได้” ตั้มมักพูดกับลูกค้าประจำที่ร้านอาหาร

“The saw duang can sound like laughter or tears—it
tells the story of life,” Tum would often say to the
restaurant’s regular customers.

วันหนึ่ง วงดนตรีร่วมสมัยชื่อดังมาฟังเขาเล่น พวกเขา
ประทับใจในฝีมือของตั้ม และชวนเขาไปร่วมงานด้วย
แต่ตั้มกลับรู้สึกอึดอัดใจ เขาไม่กล้าบอกว่าตัวเองเป็นแค่
คนขับวิน กลัวว่าภาพลักษณ์แบบนี้จะทำให้วงดนตรีผิดหวัง

One day, a famous contemporary band came to listen
to him play. They were impressed by his skill and
invited him to collaborate with them. But Tum felt
uneasy—he was afraid to tell them that he was just a
motorcycle taxi driver, worried that his background
wouldn’t fit their image.

หัวหน้าวงเสนอให้ตั้มลองเปลี่ยนแนวการเล่นซอด้วงให้
ทันสมัยขึ้น โดยใส่เอฟเฟกต์และเพิ่มจังหวะอิเล็กทรอนิกส์
เพื่อให้คนรุ่นใหม่เข้าถึงได้ง่ายขึ้น

The band’s leader suggested that Tum modernize his
saw duang playing by adding effects and electronic
beats to make it more accessible to younger audiences.

ตั้มพยายามทำตาม แต่ยิ่งเล่นก็ยิ่งรู้สึกว่าไม่ใช่ตัวเอง จนวัน หนึ่ง ขณะขับวิน เขาได้ยินเสียงที่คุ้นเคย นั่นคือ เสียง เครื่องยนต์ เสียงแตร และเสียงคนเร่งรีบยามเช้า ทุกอย่าง รวมกันเป็นจังหวะการเคลื่อนไหวในเมือง

Tum tried, but the more he played, the more he felt like he was losing himself. Then, one morning, while riding through the bustling streets, he heard something familiar—the hum of engines, the honking of horns, the hurried voices of people starting their day. It all blended into the rhythm of city life.

"นี่แหละคือดนตรีของชีวิตจริง" เขาคิด และเริ่มแต่งเพลงที่ ผสมผสานระหว่างจังหวะด้วยซอด้วงกับชีวิตในเมืองหลวง

"This is the music of real life," he thought. Inspired, he began composing a piece that fused the saw duang's melodies with the rhythms of the city.

เมื่อเขานำเพลงนี้ไปเล่นให้วงดนตรีฟัง ทุกคนถึงกับตะลึง ความจริงใจและเอกลักษณ์ของเสียงดนตรีทำให้ตั้มกล้าที่จะ เผยตัวตนที่แท้จริง

When he performed the piece for the band, they were stunned. His music was raw, honest, and uniquely his own. For the first time, Tum found the courage to reveal his true self.

“ผมเป็นคนขับวินครับ และเพลงนี้คือเรื่องราวชีวิตของผม”
เขาพูดขึ้น “ผมอยากให้ทุกคนเห็นว่าดนตรีไทยมีอยู่ทุกที่
แม้แต่ในชีวิตประจำวันของคนธรรมดา”

“I'm a motorcycle taxi driver,” he admitted. “And this song tells my story. I want people to see that Thai music is everywhere—even in the everyday lives of ordinary people.”

วงดนตรีประทับใจในความกล้าและความจริงใจของตั้ม
พวกเขาเห็นว่านี่คือสิ่งที่ทำให้ดนตรีไทยมีชีวิตในยุคปัจจุบัน
และชวนตั้มไปร่วมแสดงคอนเสิร์ตใหญ่ โดยให้เขา
สร้างสรรค์ดนตรีในแบบของตัวเอง

The band was deeply moved by Tum's authenticity and courage. They realized that this was what kept Thai music alive in the modern era. They invited him to join them in a major concert, not by changing who he was, but by embracing his unique sound and telling his story through his music.

เพลงของหัวใจวินมอเตอร์ไซค์

เช้าตรู่ที่สถานีรถไฟฟ้าอ่อนนุช ตั้ม หรือที่ลูกค้ารู้จักกันใน นาม "ตั้มวิน" กำลังสตาร์ทรถมอเตอร์ไซค์คู่ใจ เสียง เครื่องยนต์ดังผสานกับเสียงรถไฟฟ้าที่แล่นเหนือศีรษะ เขา สวมเสื้อกั๊กสีส้มสะท้อนแสง หมายเลข 247 ปักอยู่ที่หน้าอก พร้อมรับผู้โดยสารคนแรกของวัน

แต่น้อยคนจะรู้ว่า เมื่อพระอาทิตย์ลับขอบฟ้า ตั้มจะเปลี่ยน จากคนขับวินมอเตอร์ไซค์เป็นนักดนตรีไทย ที่ร้านอาหาร เก่าแก่ "สำรับไทย"ในซอยนานา ซอด้วงของเขาไม่ได้เป็น แค่เครื่องดนตรี แต่เป็นเสียงที่เล่าเรื่องราวชีวิตของผู้คนใน เมืองหลวง

"ดนตรีไทยเป็นมรดกจากพ่อ" ตั้มเล่าให้เพื่อนวินฟังระหว่าง พักกลางวัน "ตอนเด็กๆ ผมเห็นพ่อสอนดนตรีไทยที่ โรงเรียนมาตลอด พ่อบอกว่าซอด้วงเป็นเครื่องดนตรีที่ พิเศษ มันร้องไห้ได้ หัวเราะได้ เหมือนมีชีวิตจริงๆ"

Song of the Motorcycle Taxi

At dawn at On Nut BTS station, Tum—known to his passengers as Tum Win—revved up his trusty motorcycle. The roar of the engine blended with the sound of the skytrain passing overhead. He wore his reflective orange vest, with the number 247 stitched on his chest, ready to pick up his first passenger of the day.

But few people knew that when the sun set, Tum transformed from a motorcycle taxi driver into a Thai musician. At the old Samrub Thai restaurant in Soi Nana, his saw duang was more than just an instrument—it was a voice that told the stories of city life.

"Thai music is my inheritance from my father," Tum often told his fellow motorcycle taxi drivers during lunch breaks. "When I was a kid, I watched him teach Thai music at school. He always said the saw duang was special—it could cry, it could laugh, it felt alive."

แต่ชีวิตไม่ได้เป็นไปตามฝัน พ่อล้มป่วยกะทันหัน ตั้มต้อง ออกจากมหาวิทยาลัยปีสุดท้ายเพื่อขับวิน หาเงินดูแล ครอบครัวและจ่ายค่ารักษาพยาบาล กลางวันขับวิน กลางคืนเล่นดนตรี นี่คือชีวิตของเขามาตลอดห้าปี

จุดเปลี่ยนเกิดขึ้นเมื่อวง "นิวรูท", วงดนตรีร่วมสมัยชื่อดัง มานั่งกินข้าวที่ร้านสำรับไทย พวกเขาได้ยินเสียงซอด้วง ของตั้มและประทับใจ

"คุณมีสไตล์ที่เป็นเอกลักษณ์มาก" ภูผา นักร้องนำของวง กล่าว "พวกเรากำลังทำอัลบั้มที่ผสมดนตรีไทยกับแนวร่วม สมัย สนใจร่วมงานไหม"

นี่คือโอกาสที่ตั้มรอคอยมานาน แต่เขากลับลังเล ไม่กล้า บอกว่าตัวเองเป็นแค่คนขับวินมอเตอร์ไซค์

การซ้อมครั้งแรกไม่ราบรื่น วงต้องการให้เขาเปลี่ยนสไตล์ โดยให้ใส่เอฟเฟกต์เสียงและใส่ดิสทอร์ชัน เพื่อทำให้ซอด้วง ฟังดูทันสมัยขึ้น

But life didn't go as planned. When his father suddenly fell ill, Tum had to drop out of university in his final year to drive a motorcycle taxi, earning money to support his family and pay for medical expenses. By day, he transported passengers through the streets of Bangkok. By night, he played music. This had been his life for five years.

Everything changed when New Route, a famous contemporary band, came to dine at Samrub Thai. They were captivated by the sound of Tum's saw duang.

"You have such a unique style," said Phupha, the band's lead singer. "We're working on an album that blends Thai and contemporary music. Would you be interested in collaborating?"

This was the opportunity Tum had been waiting for. But he hesitated. He was afraid to reveal that he was just a motorcycle taxi driver.

The first rehearsal didn't go smoothly. The band wanted him to modernize his saw duang by adding sound effects and distortion, making it sound more electronic.

"ดนตรีไทยต้องปรับตัว ถ้าไม่เปลี่ยน มันจะตายไปพร้อมคน
รุ่นเก่า" โปรดิวเซอร์ของวงบอก

ตั้มพยายามทำตาม แต่ยิ่งเล่น ยิ่งรู้สึกว่าสูญเสียตัวตน ซอ
ด้วงของเขากลายเป็นเพียงเสียงหนึ่งในบีตดิจิทัล มันไม่มี
หัวใจ ไม่มีจิตวิญญาณ

คืนหนึ่ง หลังจากส่งผู้โดยสารคนสุดท้าย ตั้มจอดรถ นั่งมอง
ถนน ฟังเสียงความเคลื่อนไหวของเมือง โดยมีเสียงของ
เครื่องยนต์ เสียงรถเบรก เสียงแตร เสียงคนพูดคุย
เสียงเพลงจากร้านค้า ทั้งหมดนี้รวมกันเป็นจังหวะของชีวิต

"นี่แหละ ดนตรีของชีวิตจริง" เขาคิด และเริ่มแต่งเพลงที่
ผสมจังหวะเมืองเข้ากับทำนองไทยเดิม

ตั้มใช้เวลาหลายสัปดาห์สร้างสรรค์เพลงนี้ ซอด้วงของเขา
ไม่ต้องการเอฟเฟกต์ใดๆ มันเล่าเรื่องของผู้คนที่เดินทางไป
มาในกรุงเทพฯ ตั้งแต่วินมอเตอร์ไซค์ พ่อค้าแม่ค้า ไปจนถึง
พนักงานออฟฟิศ

"Thai music has to evolve," the band's producer insisted. "If it doesn't change, it'll die with the older generations."

Tum tried to follow their direction, but the more he played, the more lost he felt. His saw duang was reduced to just another sound in a digital beat—stripped of its heart and soul.

One night, after dropping off his last passenger, Tum parked his bike and sat still, listening to the city. The hum of engines, the screech of brakes, the honking horns, the murmurs of hurried conversations, the faint melodies from street stalls—all these sounds formed a rhythm of life.

"This is it—the music of real life," he thought. Inspired, he began composing a piece that fused the rhythms of the city with the melodies of traditional Thai music.

For weeks, Tum worked on his song. His saw duang didn't need effects—it told the stories of the people moving through Bangkok, from motorcycle taxi drivers and street vendors to office workers.

เมื่อเขานำเพลงนี้ไปเล่นให้วงฟัง ทุกคนเงียบไปพักใหญ่

"นี่แหละ ที่พวกเรากำลังหาอยู่" ภูผานักร้องนำกล่าว "ความร่วมสมัยที่ยังคงรากเหง้าไว้"

ตั้มรวบรวมความกล้า เล่าความจริงทั้งหมดให้วงฟัง ทั้งเรื่องที่เขาเป็นวินมอเตอร์ไซค์ เรื่องพ่อที่ป่วย และที่มาของเพลง

"ผมภูมิใจที่ได้เป็นทั้งวินมอเตอร์ไซค์และนักดนตรีไทย" เขากล่าว "เพราะทั้งสองอย่างนี้คือตัวตนของผม"

วง นิวรูท ไม่เพียงยอมรับ แต่ยังมองว่านี่คือจุดเด่นที่แท้จริง พวกเขาตัดสินใจให้ตั้มแต่งเพลงในแบบของตัวเอง และในคอนเสิร์ตใหญ่ของวง ตั้มได้ขึ้นแสดงในชุดวินมอเตอร์ไซค์ พร้อมซอด้วงในมือ

เสียงซอของเขาดังก้องไปทั่วฮอลล์ ถ่ายทอดเรื่องราวของคนธรรมดาในเมืองใหญ่ และทำให้ทุกคนในที่นั้นสัมผัสได้ถึงจิตวิญญาณของดนตรีไทยที่ไม่เคยเลือนหาย

When he finally played it for the band, there was silence.

"This is exactly what we've been looking for," said Phupha, the lead singer. "It's contemporary, but it still holds onto its roots."

With newfound confidence, Tum revealed everything—his job as a motorcycle taxi driver, his father's illness, and the inspiration behind his song.

"I'm proud to be both a motorcycle taxi driver and a Thai musician," he said. "Because both of these things make me who I am."

New Route not only accepted him but saw his story as his greatest strength. They decided to let Tum create music in his own style. And at the band's biggest concert, Tum took the stage in his motorcycle taxi uniform, saw duang in hand.

The sound of his saw echoed through the hall, carrying the stories of ordinary people in a big city. The audience could feel the soul of Thai music—alive, evolving, and deeply connected to everyday life.

“ดนตรีไทยไม่ได้อยู่แค่ในหอศิลป์ แต่มันอยู่ในชีวิตของพวก
เราทุกคน” ตั้มให้สัมภาษณ์หลังคอนเสิร์ต

"Thai music isn't just something kept in museums—it's woven into the lives of all of us," Tum said in an interview after the concert.

lingualism

Visit our website for information on current and upcoming titles and free language learning resources.

www.lingualism.com